UN ÁNGEL
PARA
CADA DÍA

Un ángel para cada día
es editado por
EDICIONES LEA S.A.
Av. Dorrego 330 C1414CJQ
Ciudad de Buenos Aires, Argentina.
E-mail: info@edicioneslea.com
Web: www.edicioneslea.com

ISBN: 978-987-718-670-3

Séptima edición.
Impreso en Argentina.
Esta edición se terminó de imprimir en
Febrero de 2021 en Oportunidades S.A.

Victoria, Julián, padre
  Un ángel para cada día / Julián, padre Victoria. - 7a ed. - Ciudad
Autónoma de Buenos Aires : Ediciones Lea, 2021.
  160 p. ; 23 x 15 cm.

  ISBN 978-987-718-670-3

  1. Angelología. 2. Ángeles. 3. Cristianismo. I. Título.
  CDD 235.3

UN ÁNGEL PARA CADA DÍA

Julián Victoria

Palabras iniciales

**"Ángel de la guarda,
dulce compañía,
no me desampares
ni de noche ni de día".**

Al recordar esta frase que mi madre me decía cuando era pequeño, decidí escribir sobre los ángeles. Mi trabajo fue arduo pues quise abarcar todos los datos posibles para poder ofrecerles un libro serio y completo.

A través del tiempo y las diferentes tradiciones, los hombres han testimoniado la presencia angélica. Esos "mensajeros de Dios" intervinieron e intervienen en la vida y las decisiones de la humanidad corrigiendo, aliviando y ayudando a transitar el paso vital.

Presentes de manera poderosa en las religiones monoteístas de Occidente, los ángeles son compañeros de los hombres en su vida cotidiana. Si bien durante siglos se los vio como portadores de fenómenos o solo presentes en la vida de seres excepcionales que podían torcer la historia, hoy en día nuestra visión sobre su presencia tiende a incluirlos y llamarlos por nuestras necesidades.

En cada conflicto o con cada carencia que se resuelve en forma misteriosa podemos apreciar su intervención. De ninguna manera esto debe inducirnos a creer que son "pequeños dioses cotidianos". Son instrumentos de Dios, su voz con un registro que podemos entender, su brazo directo en nuestras vidas. No sintamos su presencia como un privilegio, esperemos confiados que su actividad será benéfica para nuestras vidas.

Creer es el secreto para que su intervención sea efectiva.

Debemos confiar en que su mensaje es la palabra de Dios y también su voluntad y esperar en medio de todo desconsuelo la mano que llega extendida para aliviar, acompañar o proteger.

El fin de estas meditaciones no es otro que ayudar a acercarse a una realidad presente en la vida de todos los días de cada uno de nosotros. Encontrarán un tema o una necesidad para cada día que los acompañará cada vez que los necesiten. También me pareció oportuno incluir una lista para que cada uno busque a su ángel guardián. Espero que se sientan acompañados y que descubran el ángel que los protege y los encamina.

He tratado de presentar este libro de manera amena, instructiva y, a la vez, práctica. Cada lector podrá, en el día a día, encontrar unas palabras respecto de su inquietud o necesidad. Los comentarios son breves, a modo de guía, para que la comunicación con los ángeles sea efectiva.

Debemos recordar, ante todo, que los ángeles son mensajeros y que siempre están dispuestos a escucharnos y ayudarnos con nuestras necesidades y urgencias. También es importante agradecer su compañía y sus buenos oficios.

Con la certeza de su presencia constante, podemos invocarlos cuando creamos necesario hacerlo para seguir sus efectivos consejos. Esto será motivo de felicidad y dicha para nuestro corazón.

Julián Victoria

(I)

Seres espirituales
o corpóreos

La creencia en los ángeles es casi un fenómeno universal que persiste en la conciencia humana y pone en evidencia sus raíces profundas.

A pesar de vivir en un mundo cada día más materialista, los ángeles lograron imponer su espiritualidad. El hombre actual los redescubrió y trata de llegar nuevamente a ellos.

Esto se expresa en el renovado interés por los ángeles, seres misteriosos y semi divinos, que figuran en los relatos folklóricos de diversos pueblos y en los escritos religiosos.

Si bien las personas creen en los ángeles, no están informadas acerca de su naturaleza y sobre los beneficios que da esta relación con ellos.

La creencia en los ángeles es anterior a la Iglesia Católica pues fueron muchas las culturas que, a través del tiempo, han creído en los seres angélicos. El hecho de que aún continúen creyendo en ellos revela que tienen un misterio especial y una función precisa superior al espíritu pragmático de esta época.

De acuerdo con la tradición cristiana, los ángeles son entidades espirituales que Dios creó antes que a Adán y Eva. Su misión era regir las estrellas, los planetas y las diferentes regiones de la tierra. En la Biblia aparecen como seres misteriosos de un poder desconocido.

Los ángeles provocan nuestra fascinación porque no es fácil comprender la necesidad que tuvo Dios para crear estos seres angelicales para administrar y proteger la Tierra si él es omnipotente.

Según algunas leyendas, no todos los ángeles son bondadosos. En el cristianismo, el ángel más poderoso es Satán, quien se rebeló contra Dios y fue arrojado al infierno como castigo. Al resto de los ángeles que se sublevaron se los llama "ángeles caídos".

Evidentemente, tanto los ángeles como los demonios pertenecen a una leyenda que precede a la formación de la Iglesia Católica. Ambos aparecen en el folklore y los relatos religiosos de ciertas culturas como la griega, la babilónica y la celta. De todas maneras, si bien, en las otras culturas convirtieron a los dioses en demonios, en el caso de la celta, los ángeles de los druidas fueron incorporados al cristianismo. Así fue como la diosa celta Brigit se convirtió en Santa Brígida.

Existieron también ángeles llamados neutrales. En esta tradición existen ciertos ángeles que no participan de la guerra entre Dios y Satán. Son los espíritus de los árboles, campos y ríos que representan el poder de la naturaleza y los encargados de guardar el Santo Grial en la historia de Perceval.

Podría argumentarse que los seres angélicos no tienen existencia real porque las personas no pueden verlos al mismo tiempo, incluso la forma de aparición varía entre las diferentes culturas. Cabe preguntarse por qué. Una forma de explicar esto consiste en considerar la posibilidad de un sexto sentido gracias al cual los humanos percibimos la presencia angélica. Los mitos y leyendas de culturas milenarias refuerzan la noción de que algunas personas están dotadas con un mayor nivel de sensibilidad que otras. Si admitimos que el cerebro tiene la capacidad de ser un órgano activo y pasivo, es fácil suponer que puede combinar su función receptiva con sus conductas activas y de esto resulta fácil deducir que aquello que el cerebro perciba inevitablemente aparecerá mezclado con pensamientos e ideas inconscientes. Esta es una explicación posible del hecho de que las visiones angélicas sean diferentes para cada persona pues cada ser adopta la visión acorde a su herencia cultural y sus concepciones personales.

Los ángeles son tan reales como aquellos objetos y seres a los que no tenemos dudas en calificar como reales. Existen en un plano de energía que el cerebro percibe directamente y son interpretados con relación a la cultura y las características personales.

Como ya hemos dicho, los ángeles frecuentemente aparecen en sueños. Durante la noche el cerebro se encuentra en estado receptivo y en este estado la energía de los ángeles se manifiesta como una visión que instruye a la persona que sueña sobre la forma de resolver una situación particular.

Pero los ángeles también se aparecen como visiones durante la vigilia. A diferencia de lo que sucede durante los sueños, estas experiencias son compartidas por varias personas. Posiblemente, la forma más interesante en que aparecen los ángeles es como seres humanos imponentes que poseen poderes que superan las habilidades de cualquier mortal. Estas visiones son completamente diferentes de las que aparecen en los sueños y demuestran que los ángeles no sólo son forma y energía sino que están compuestos por materia física.

Durante mucho tiempo los teólogos combatieron la idea de que los ángeles estuvieran compuestos por una sustancia material. La noción de que son formas de energía no es incompatible con el hecho de que aparezcan bajo apariencia humana. Si un ángel puede hacer que el cerebro perciba imágenes, debe ser posible también que influya sobre el cerebro, que tome el control del cuerpo y lo haga adoptar conductas diferentes de las habituales. Creer que los ángeles son seres meramente espirituales es común a casi todas las religiones.

Para concluir, los griegos y los romanos creían que ciertos seres humanos estaban dotados de energía divina. Por este motivo, con frecuencia se cree que a veces los ángeles se aparecen en sueños. Esto no es incompatible con el hecho de que puedan tener una existencia física.

(II)

Soñar con ángeles

Por lo general, los ángeles eligen los sueños nocturnos para manifestarse, dar sus mensajes y favorecer nuestro conocimiento.

Los mensajes en los sueños pueden aparecer de manera espontánea para que, a través de ellos, realicemos nuestros deseos y resolvamos nuestros conflictos. Del mismo modo que se invoca a los ángeles pueden incubarse sueños angélicos propiciando su aparición, constituyendo un escenario ideal para que los ángeles se manifiesten y nos den la respuesta que buscamos para un problema o nos regalen un consejo.

Estoy seguro de que todos o casi todos los lectores de este libro alguna vez se han despertado con la sensación de haber resuelto un problema, de haber sido aconsejados o de haber percibido algún aspecto de la realidad que se escapó durante la vigilia.

En muchos de estos casos, los seres angélicos son los encargados de entregar los mensajes contenidos en los sueños y, a través de ellos, proporcionarnos algún conocimiento o consejo sobre los problemas que enfrentamos en la vigilia.

Cuando realizamos una invocación a un ángel para que éste descienda sobre nosotros y nos ilumine con su luz, una de las vías posibles de manifestación es el sueño.

Es posible incubar sueños sobre cualquier tipo de problema. De todas maneras, hay que tener en cuenta que si se trata de un problema demasiado trivial es probable que olvidemos el contenido del sueño al despertar o el ángel no considerará necesaria su presencia.

Todos los seres humanos tenemos la facultad potencial de incubar sueños pero son muy pocos los que ponen en práctica esta capacidad en la edad adulta. Sin embargo, en la niñez se hace de manera espontánea y sin tener conciencia siquiera de que estamos empleando un método.

(III)

Meditar con ángeles

Otra manera de comunicarnos con nuestros protectores es a través de la meditación. El silencio que proporciona la reflexión es necesario para escuchar la voz de nuestros ángeles. La calidad del mensaje recibido dependerá de la calidad de recepción de nuestra mente. Por eso, para meditar es necesario acallar todos los pensamientos y ordenar la mente. Es conveniente crear un ambiente tranquilo y relajado para recibir la orientación de nuestro ángel guardián. Debemos ser pacientes y perseverar.

Cuando lo logramos, sentimos la unión con el Universo. En ese momento, los ángeles empiezan a hablar. A pesar de nuestra vida agitada, todos tenemos la capacidad de meditar. Simplemente es cuestión de empezar y, poco a poco, lograremos esa unión tan deseada con los ángeles. Siempre debemos recordar que ellos están para ayudarnos, aún en estos momentos.

Es importante tener en cuenta que no siempre los ángeles emplean la misma vía para comunicarse con nosotros. Debemos, entonces, estar atentos a sus mensajes.

(IV)

El ofrecimiento de los ángeles

Los ángeles son los mensajeros de Dios, no importa cuál sea la religión que se practique. Siempre se puede invocar la protección que nos brindan sin renunciar ni modificar las propias creencias religiosas.

Los ángeles son el instrumento de la paz, la prosperidad y la protección. Son el instrumento seguro para conseguir la felicidad.

Se los puede invocar ante una dificultad económica, una inquietud espiritual, un problema de salud. Se les puede solicitar protección o consejo. Ellos nos dirán qué hacer de diferentes maneras y algunas se deberán interpretar.

La invocación a los ángeles no tiene restricciones. Se los puede llamar todos los días o cuando se los necesite. Siempre están observando nuestras vidas y dispuestos a ayudarnos.

Las jerarquías angélicas

De acuerdo con la Cábala hebrea, existen 72 espíritus puros creados por Dios para servirlo, obedecerlo y adorarlo. Cada especie de estos seres superiores conforma un coro y los nueve coros están organizados en tres jerarquías, a saber:

Primera Jerarquía

- **Los querubines:** están alrededor de Dios formando el primer coro.
- **Los serafines:** son los guardianes alados que están alrededor del trono de Dios.
- **Los tronos:** su misión fundamental es contemplar a Dios y adorarlo.

Segunda Jerarquía

- **Las dominaciones:** son seres melancólicos y versados en los misterios de la Creación.
- **Las virtudes:** son seres que rodean los sitios aromatizados con incienso, sándalo o rosa.

- **Las potestades:** tienen por misión cuidar al mundo.

Tercera jerarquía

- **Los ángeles:** fueron creados por Dios para ser sus mensajeros, para hacer su voluntad y ayudar a la humanidad.
- **Los arcángeles:** su misión es llevar amor y compasión. Los más conocidos son Miguel, Rafael, Gabriel, Uriel, Haniel, Raziel y Auriel.
- **Los principados:** tienen por misión cuidar al hombre.

Nuestro ángel protector

Todos tenemos un ángel protector que es aquel que se encarga de nosotros, que nos brinda su amparo, que nos cuida y que está a nuestro lado.

En total hay 72 ángeles que se dividen en diferentes tipos angelicales. A continuación detallo un cuadro para que cada uno encuentre su ángel protector de acuerdo a su fecha de nacimiento:

Fecha de nacimiento	Tipos Angelicales	Ángel
2/2, 16/4, 28/6, 9/9, 21/11	Achaiah	Serafín
7/1, 21/3, 2/6, 14/8, 26/10	Aladiah	Querubín
18/1, 1/4, 13/6, 25/8, 6/11	Anauel	Arcángel
25/2, 9/5, 21/7, 2/10, 14/12	Aniel	Potencia
26/2, 10/5, 22/7, 3/10, 15/12	Ariel	Virtud
11/1, 25/3, 6/6, 18/8, 30/10	Asaliah	Virtud
14/2, 28/4, 10/7, 21/9, 3/12	Ayel	Ángel
3/2, 17/4, 29/6, 10/9, 22/11	Cahethel	Serafín
27/2, 11/5, 23/7, 4/10, 16/12	Caliel	Trono
10/1, 24/3, 5/6, 17/8, 29/10	Chavakiah	Potencia
15/2, 29/4, 11/7, 22/9, 4/12	Damabiah	Ángel
12/1, 26/3, 7/6, 19/8, 30/10	Daniel	Principado
4/2, 18/4, 30/6, 11/9, 23/11	Elemiah	Serafín
14/1, 28/3, 9/6, 21/8, 2/11	Haaiah	Dominación

Fecha de nacimiento	Tipos Angelicales	Ángel
28/2, 12/5, 24/7, 5/10, 17/12	Haamiah	Potencia
16/1, 30/3, 11/6, 23/8, 4/11	Habuhiah	Ángel
1/3, 13/5, 25/7, 6/10, 18/12	Hahahel	Virtud
19/1, 2/4, 14/6, 26/8, 7/11	Hahahiah	Querubín
6/3, 18/5, 30/7, 11/10, 23/12	Hahasiah	Principado
8/1, 23/3, 3/6, 15/8, 27/10	Haheuiah	Trono
16/2, 30/4, 12/7, 23/9, 5/12	Haiael	Ángel
20/1, 3/4, 15/6, 27/8, 8/11	Harahell	Arcángel
11/2, 25/4, 7/7, 18/9, 30/11	Hariel	Querubín
12/2, 26/4, 8/7, 19/9, 1/12	Haziel	Querubín
13/2, 27/4, 9/7, 20/9, 2/12	Hekamiah	Querubín
17/1, 31/3, 12/6, 24/8, 5/11	Iah-Hel	Arcángel
2/3, 14/5, 26/7, 7/10, 19/12	Ieaiel	Trono
21/1, 4/4, 16/6, 28/8, 9/11	Ieazel	Potencia
22/1, 5/4, 17/6, 29/8, 10/11	Iehuiah	Potencia
17/2, 1/5, 13/7, 24/9, 6/12	Ieiael	Arcángel
3/3, 15/5, 27/7, 8/10, 20/12	Ieratel	Dominación
18/2, 2/5, 14/7, 25/9, 7/12	Imamaiah	Principado
13/1, 27/3, 8/6, 20/8, 1/11	Laoviah	Querubín
4/3, 16/5, 28/7, 9/11, 21/12	Lecabel	Dominación
23/1, 6/4, 18/6, 30/8, 11/11	Lehahiah	Potencia
5/2, 19/4, 1/7, 12/9, 24/11	Lelahel	Serafín
6/2, 20/4, 2/7, 13/9, 25/11	Leliel	Serafín
5/3, 17/5, 29/7, 10/10, 22/12	Leuviah	Trono
15/1, 29/3, 10/6, 22/8, 3/11	Louviah	Trono
7/2, 21/4, 3/7, 14/9, 26/11	Mahasiah	Serafín
19/2, 3/5, 15/7, 26/9, 8/12	Manakel	Ángel
10/2, 24/4, 6/7, 17/9, 29/11	Mebahel	Querubín
24/1, 7/4, 19/6, 31/8, 12/11	Mebahiah	Principado
25/1, 8/4, 20/6, 1/9, 13/11	Mehiel	Arcángel

Fecha de nacimiento	Tipos Angelicales	Ángel
7/3, 19/5, 31/7, 12/10, 24/12	Melahel	Trono
8/3, 20/5, 1/8, 13/10, 25/12	Menadel	Potencia
6/1, 20/3, 1/6, 13/8, 25/10	Mihael	Virtud
9/3, 21/5, 2/8, 14/10, 26/12	Mikael	Virtud
20/2, 4/5, 16/7, 27/9, 9/12	Mitzrael	Arcángel
26/1, 9/4, 21/6, 2/9, 14/11, 5/1	Mumiah	Ángel
27/1, 10/4, 22/6, 3/9, 15/11	Nanael	Principado
10/3, 22/5, 3/8, 15/10, 27/12	Nelcahel	Trono
21/2, 5/5, 17/7, 28/9, 10/12	Nemamiah	Arcángel
28/1. 11/4, 23/6, 4/9, 16/11	Nithael	Principado
11/3, 23/5, 4/8, 16/10, 28/12	Nith-haiah	Dominación
29/1, 12/4, 24/6, 5/9, 17/11	Omael	Dominación
12/3, 24/5, 5/8, 17/10, 29/12	Pahaliah	Trono
13/3, 25/5, 6/8, 18/10, 30/12	Poiel	Principado
14/3, 26/5, 7/8, 19/10, 31/12	Rehael	Potencia
30/1, 13/4, 25/6, 6/9, 18/11	Reyel	Dominación
22/2, 6/5, 18/7, 29/9, 11/12	Rochel	Ángel
15/3, 27/5, 8/8, 20/10, 1/1	Sealiah	Virtud
16/3, 28/5, 9/8, 21/10, 2/1	Seheiah	Dominación
8/2, 22/4, 4/7, 15/9, 27/11	Sitael	Serafín
31/1, 14/4, 26/6, 7/9, 19/11	Umabel	Arcángel
17/3, 29/5, 10/8, 22/10, 3/1	Vasahiah	Dominación
18/3, 30/5, 11/8, 23/10, 4/1	Vehuel	Principado
9/2, 23/4, 5/7, 16/9, 28/11	Vehuiah	Serafín
1/2, 15/4, 27/6, 8/9, 20/11	Veuliah	Virtud
23/2, 7/5, 19/7, 30/9, 12/12	Yabamiah	Ángel
24/2, 8/5, 20/7, 1/10, 13/12	Yelaiah	Virtud
9/1, 23/3, 4/6, 16/8, 28/10	Yezalel	Querubín
29/2, 19/3, 31/5, 12/8, 24/10	Poiel	Principado

(VII)

Los ángeles protectores

Aunque todos tienen una función específica sobre los aspectos de nuestra vida, los ángeles poseen cualidades sobre áreas definidas. La siguiente lista especifica el tema por el cual se debe invocar a cada ángel.

- Para conseguir o conservar el trabajo: Hahahel, Mikael, Nemamiah, Habuiah, Jeliel, Sitael y Elemiah.
- Para conseguir serenidad: Nitahel, Daniel, Nanael, Vehuel, Ariel, Veuliah y Aniel.
- Para conservar la pareja: Lelahel, Achaiah, Cahethel, Lehuiah, Lecabel, Vasahiah y Leratel.
- Para conservar la salud: Iah-Hel, Chavakiah, Menadel, Sealiah, Rehael, Haamiah y Rochel.
- Para la energía positiva: Anauel, Mehiel, Damabiah, Umabel, Mitzrael, Harahell y Mihael.
- Para que la pasión no se extinga: Lehahiah, Melahel, Caliel, Hariel, Haziel, Aladiah y Laoviah.
- Para recibir ayuda en momentos difíciles: Vehuiah, Reyel, Omagel, Yabamiah, Haiaiel, Ayel y Mumiah.
- Para solucionar los problemas de dinero: Poiel, Ieialel, Harahell, Asaliah, Manakel, Leiazel y Yezalel.
- Para solucionar los problemas de los seres queridos: Haaiah, Nith-Haiah, Haheuiah, Lauviah, Leuviah, Pahalia y Mahasiah.

(VIII)

Para invocar a los ángeles

Desde el principio de los tiempos, uno de los pilares sobre los que descansó la comunicación del hombre con sus dioses fue la oración, instrumento indispensable para tender un puente entre nuestro corazón y la divinidad, instrumento que tratamos de conocer mejor en estas páginas. Hoy en día nos preguntamos si realmente somos escuchados y si una oración ayuda a que se concrete un deseo.

Debemos saber que nuestros rezos son escuchados, siempre y cuando se proceda del modo adecuado, usando palabras justas, conservando un estado espiritual sereno, llevando a cabo los minuciosos actos que acompañan a todo ritual y forman parte de un lenguaje divino, que le fue revelado hace milenios al hombre.

Para lograrlo no es necesario profesar ningún credo ni pertenecer a ninguna religión en particular. Sólo se trata de confiar plenamente en la fuerza espiritual, pues la energía que proviene de lo más íntimo de nuestro ser es la que nos permitirá la más perfecta comunión con el Ser Superior que algunos llaman Dios y otros, Fuerzas Ocultas.

Rezar genera una gran cantidad de energía positiva destinada a vibrar en todos los órdenes de nuestra vida cotidiana. Para que esa energía se expanda y penetre en nuestro diario vivir, existe una serie de ritos y ejercicios. Si nos disponemos a ponerlos en práctica, debemos, en primer término, lograr la adecuada disposición de ánimo.

Nosotros podemos invocar a los ángeles durante los sueños, las visiones o en los llamados que les realizamos. Nuestro rol será pasivo y los ángeles vendrán en nuestra ayuda otorgando sabiduría y asistencia.

Tomamos contacto con ellos cada vez que creemos necesaria su presencia. Lo hacemos a través de la oración para pedirles un deseo o una necesidad concreta. Los pasos a seguir para su invocación son los siguientes:

- **Preparación del ambiente:** Necesitamos de un espacio tranquilo, silencioso y bien ventilado para poder relajarnos. Ubicarnos confortablemente sobre una alfombra con almohadones, un sillón amplio o sobre la cama. Escuchar música suave y armoniosa, que nos permita elevarnos y dirigir nuestros pensamientos y emociones hacia el cielo. Elijamos la penumbra o la media luz. También podemos encender velas blancas que nos darán una sensación de tranquilidad. El ambiente debe estar limpio y fragante. Podemos encender un hornillo con aceites esenciales o un sahumerio y colocar flores con suaves fragancias.

- **Relajación:** Elegir el crepúsculo porque ofrece la tranquilidad de haber finalizado la jornada y la armonía de la caída del sol. Debemos evitar las interrupciones y exigir que nos respeten este espacio que es nuestro. Luego de un baño de inmersión con el que nos relajaremos, vestirnos con ropas amplias de colores claros evitando las que son ceñidas al cuerpo. También nos quitaremos los zapatos, es preferible estar descalzo para que todo nuestro cuerpo se sienta libre. Adoptar una postura cómoda, en posición de meditación. Conservar la espalda erguida y tratar de descargar todas las tensiones a tierra. Cerrar los ojos y relajar todo el cuerpo. Dejemos que los pensamientos se retiren de nuestra mente. Nada mejor para que esto suceda que concentrarse en el movimiento respiratorio. Inspirar y expirar lenta y profundamente. Atendamos el recorrido del aire dentro de nuestro cuerpo con cada inspiración e inhalación.

- **Reflexión:** Una vez relajados, debemos reflexionar. Tengamos claro el motivo por el cual invocamos a los ángeles, la forma de comunicarlo para que no sea confuso y la ayuda sea efectiva.

- **Invocación:** Recién en este momento haremos la invocación. Elevemos nuestra oración con un deseo sincero de establecer contacto. Una actitud humilde y desprejuiciada son indispensables en estos momentos de elevación espiritual. En esta etapa deberemos seguir los siguientes pasos:
  1. Visualizarnos en una caverna oscura, fría y tenebrosa.
  2. Andamos a tientas, nuestros pies se lastiman con las piedras ásperas de las paredes y el suelo. Sentimos la humedad fría en nuestro cuerpo. Estamos solos. Tenemos miedo.
  3. De pronto, un punto de luz aparece a lo lejos y nos golpea el corazón.
  4. Comenzamos a andar hacia el blanco que, a cada paso nuestro, parece agrandarse.
  5. Caminamos erguidos, sabiendo que esa luz que vemos es nuestra salvación.
  6. Estamos mucho más cerca. La luz comienza a cegarnos, nos lastima. Nos tapamos los ojos, no debemos ver nada.
  7. Poco a poco, tratamos de mirar esa luz enceguecedora.
  8. El sol lo inunda todo. También logramos percibir el cielo sereno y un espejo de agua cristalina que nos predispone al descanso y la tranquilidad.
  9. Nuestros ojos comienzan a adaptarse a la luminosidad. Caminamos con lentitud, nos acercamos a la orilla de

un lago. La arena que pisamos alivia nuestros cansados pies con su tibieza y suavidad.

10. Una figura emerge de las aguas, una figura de luz que nos invita a bañarnos en el líquido purificador.

11. Entramos en el lago y lavamos nuestro cuerpo. El agua nos ayuda a recuperar la energía perdida. Entonces, sólo entonces, escuchamos claramente, las palabras del ángel que nos dice: "abre tu corazón y recibirás todo lo que necesitas".

- **Conversación:** Cuando sentimos la vibración angelical, comienza nuestra conversación. En ese instante solicitamos su ayuda o consejo. La conversación angelical puede aparecer de varias formas. En algunos casos puede ser escrita, a través de sueños, o escuchando nuestra voz interior. En ocasiones es conveniente anotar los mensajes que nos dan. En otros momentos será preciso escuchar y disfrutar de ese contacto.

- **Despedida:** Nos despedimos agradeciendo su presencia, su ayuda y comprensión. Lentamente vamos tomando contacto con la realidad y el ambiente que nos rodea, nos movemos y vamos cambiando de posición.

(IX)

Oraciones para proteger a nuestros hijos

Antiguamente, madre e hijo rezaban al ángel de la guarda para que les brindase protección. Hoy en día, lamentablemente, no es una costumbre muy difundida. Digo lamentablemente porque este rezo nocturno va preparando al niño en su vida espiritual. El primer consejo que puedo dar es que volvamos a esta costumbre, que enseñemos a nuestros hijos a invocar a su ángel para que los bañe con su luz angelical.

Por otro lado, como adultos sabemos que hay infinidad de riesgos que no podemos evitar. Entonces es preciso que nosotros nos encomendemos a los ángeles para que nos ayuden y ayuden a nuestros hijos, que velen por su seguridad y felicidad en todo momento.

Al igual que todos nosotros, a cada niño le corresponde un ángel protector según su fecha de nacimiento. De todas maneras, debemos saber que a los pequeños rara vez los protege uno solo y que serán varios los que lo cuiden a lo largo de todo su proceso de crecimiento y aunque invoquemos al ángel equivocado, siempre vendrá uno en su ayuda.

(X)

Cómo aumentar el poder de nuestros rezos

Luego de la visualización nos dispondremos a concretar la oración propiamente dicha. Para multiplicar su poder, es fundamental seguir los siguientes pasos:

1. **Inicio:** adoptar la posición corporal que nos resulte más cómoda y, mentalmente o en voz alta, pedir a las Fuerzas Superiores la apertura de nuestro corazón.
2. **Propósito:** cuando logremos sentir que nuestro corazón está lo suficientemente abierto como para dar y recibir, es conveniente que nos concentremos en aquello a lo que se dirige concretamente nuestra oración, esto es, el propósito que tendrá nuestro rezo. Puede tratarse de un pedido, un agradecimiento, una invocación. Debemos pensar claramente en nuestro propósito, sin que nada nos desvíe de él.
3. **Palabras:** una vez pensado el propósito debe enunciarse – en voz alta o mentalmente– con palabras claras, evitando la vaguedad y sin omitir ningún detalle.
4. **Silencio:** no sólo debemos hablar, no olvidemos que la oración es un diálogo con la divinidad. Por este motivo, después de haber enunciado nuestras palabras, será importante hacer silencio, es decir, dejar la mente en blanco para que nuestro corazón pueda escuchar la respuesta pro-

veniente del Ser Superior. A veces, puede parecernos que la respuesta no llega, pero no siempre estamos preparados para escuchar lo que dice nuestro espíritu. La paciencia será nuestra arma.

5. **Agradecimiento:** siempre debemos cerrar nuestra oración con una frase de agradecimiento. Podemos agradecer por la vida, por el don de la palabra, por la comunicación espiritual.

6. **Constancia:** nunca abandonar la práctica oratoria por considerar que nuestros pedidos no se cumplen. Debemos pensar que el Supremo siempre desea lo mejor para nosotros y que la oración no es únicamente un camino para pedir, sino un puente que nos une a la espiritualidad, nos acerca a la Divinidad y nos da fuerzas para vivir.

7. **Clave:** siempre conviene tener a mano una clave, esto es, una frase, una oración breve, tan sólo unas palabras que nos pertenezcan, a fin de utilizarlas con total convencimiento cuando necesitemos energías o nos encontremos en una situación difícil.

Para que nuestra oración sea atendida, para que gane poder, es preciso ante todo tener fe y esperanza. La primera de estas virtudes implica el pleno convencimiento de que se está haciendo lo correcto, la firme creencia de que alguien nos escucha y la tenaz afirmación de que "aquello que deba ser será". La esperanza, por su parte, es fundamental para dar a nuestros ruegos la consistencia necesaria que haga de ellos un arma que apunte hacia el futuro. Esto significa que debemos confiar plenamente en nosotros mismos, en la vida y en la fuerza de aquel a quien dirigimos nuestra súplica y que jamás nos dejará desamparados. Solamente así la palabra oración podrá adquirir para nosotros su verdadero peso espiritual.

(XI)

Algunos conceptos para tener en cuenta

- Los ángeles son seres de luz y mensajeros divinos que inspiran la vida de los seres humanos.
- Hay muchos tipos de ángeles: elevados y caídos, los que buscan la paz y los perdidos, rebeldes y fieles.
- Los ángeles se comunican de diferentes formas: nos hablan, producen sonidos y, también, música.
- Recorren el universo entero ayudando a quien requiera de su presencia.
- Los ángeles sienten placer al ayudarnos y aspiran a que su tarea se cumpla totalmente.
- En ocasiones se dejan ver; en otras, los vemos durante los sueños. La mayoría de las veces escuchamos sus voces y sus consejos.

(XII)

Respuestas
a algunas dudas

Todas las personas pueden comunicarse con los ángeles pero deben darse ciertas condiciones espirituales. Una de esas condiciones es creer firmemente en la existencia angélica. La otra es tener confianza en que ellos acudirán a nuestro llamado. Tampoco importa la religión que se profese sino que tengamos fe en ellos.

Los ángeles se comunican fácilmente con los niños porque su inocencia les permite ver su presencia como un hecho natural. Todas las criaturas tienen un ángel que las protege, aún los animales, nuestras mascotas.

Los ángeles están siempre a nuestro lado, incondicionalmente. Esto no es motivo para sentirnos observados o juzgados ya que ellos nos aman y no juzgan nuestros actos.

Los ángeles pueden mostrarnos un camino diferente del que elegimos y esto puede desagradarnos. Tengamos presente que ellos siempre nos señalan la senda correcta y muchas veces cuando nos equivocamos no nos damos cuenta.

Los ángeles no experimentan las mismas emociones que los seres humanos. Sin embargo, no son ajenos a nuestros sentimientos y nuestras emociones.

Debemos estar predispuestos a recibir el mensaje angélico. Nuestra mente abierta y positiva es indispensable para que nuestra comunicación con los ángeles se lleve a cabo.

Ya hemos dicho que los ángeles nos acompañan siempre. Sin embargo, algunas personas jamás perciben su presencia.

Debemos agradecer a los ángeles su constante ayuda, aunque ellos no esperan nuestro agradecimiento. Simplemente hay que hacerlo porque el ser agradecidos es una cualidad que nos ayuda a ser mejores personas.

Cada uno de nosotros puede crear su propia oración para comunicarse con los ángeles. Lo importante es que tengamos fe en que será beneficiosa para nuestro contacto angélico.

Debemos estar convencidos de la ayuda de los ángeles para encontrar la felicidad, guiándonos y señalando el camino correcto.

(XIII)

Acciones que disgustan a los ángeles

- Que seamos impacientes.
- Que seamos desconsiderados con quien nos está hablando.
- Que seamos envidiosos.
- Que censuremos nuestros actos y los de los demás.
- Que seamos celosos.
- Cuando somos tacaños.
- Cuando no hacemos frente a nuestras obligaciones por pereza.
- Cuando nos consideramos superiores a los demás.
- Cuando no nos permitimos soñar despiertos.
- Cuando tomamos los temas trágicos a la ligera.
- Cuando queremos llamar constantemente la atención.
- Cuando no dejamos volar nuestra inspiración.
- Cuando no damos palabras de esperanza a quien lo necesita.
- Cuando nos compadecemos constantemente.
- Cuando no vemos el lado positivo de todo lo que nos sucede.
- Cuando despreciamos a los ancianos.
- Cuando herimos a un inocente.
- Cuando no tenemos paciencia con los niños.
- Cuando despreciamos el amor que nos brindan.
- Cuando vivimos enojados.

(XIV)

Los ángeles están siempre a nuestro lado

En cada acto de nuestra vida, los ángeles nos acompañan para que podamos lograr todas las metas y deseos que nos proponemos.

En cada hecho positivo o que nos ayude a seguir el camino de la elevación espiritual, debemos estar seguros de que los ángeles están a nuestro lado para ayudarnos.

Debemos saber que cuando dudamos, nos sentimos tristes o desamparados, cuando no encontramos el camino, también están ellos para sostenernos y apuntalarnos.

Los ángeles nos ayudan a comunicarnos con el universo, a que éste sea cada vez más una unión plena y graciosa de almas que sólo buscan la verdad y la paz para conseguir una existencia bella.

Debemos saber que nos ayudan a ser buenos seres humanos, nos dan templanza, nos regalan equidad y sabiduría.

En cada acto de nuestra vida ellos están con su luz y su amor.

No olvidemos que, como seres humanos falibles, somos egoístas, incoherentes, inseguros, intolerantes y podríamos seguir enumerando muchos defectos más. Lo importante es reconocerlos y luchar para vencerlos en beneficio de una existencia más rica en buenos pensamientos y actitudes. Este es el camino que los ángeles quieren para nosotros y es por eso que nos apoyan y ayudan. Nos dan las fuerzas suficientes para no decaer y continuar por la senda celestial, la elevación y el amor pleno que salvarán nuestras almas.

De todas maneras, aunque sabemos que nos acompañan a cada momento es importante recordar que están a nuestro alrededor cuidando de nosotros. Tengamos siempre presente que los ángeles:

- Nos alertan del pecado.
- Escuchan nuestra aflicción.
- Nos llaman constantemente.
- Nos protegen de las dificultades.
- Nos hacen tomar conciencia de nuestros errores.
- Consuelan nuestra angustia.

(XV)
Las funciones de los ángeles

A continuación, encontrarán una lista de funciones angelicales para que sepamos todo lo que los ángeles pueden ayudarnos:

Los ángeles nos enseñan a utilizar datos precisos y efectivos para tomar las decisiones correctas. También a interpretar todas las experiencias como nuevas oportunidades para aprender.

Nos enseñan a eliminar todo aquello que no es importante para nuestra vida y a ser más receptivos. De esta manera, podremos beneficiarnos y beneficiar a los demás.

Los ángeles nos producen alegría y gozo interno. Algunas de sus funciones específicas son la diversión y la alegría aplicada a cada acto de la vida. Eliminan el aburrimiento, la tristeza y la depresión.

Nos ayudan a superar los momentos negativos. Nos hacen compañía, aunque no reclamemos su presencia. Nos ayudan, también, a vencer la timidez porque nos otorgan facilidad de palabra para relacionarnos con los demás y empuje para que hagamos todo aquello que no nos animamos. Esto nos lleva a conocer gente diferente y a hacer nuevas amistades.

Siempre encuentran la solución a todos los problemas. Nos armonizan, nos dan tranquilidad, nos liberan de tensiones y aplacan nuestra agresión. Nos brindan paz espiritual. Restablecen nuestro ánimo, nos dan temple y empuje para las tareas que queremos encarar.

Nos enseñan la belleza del universo. Nos señalan la dirección de nuestras energías. Nos permiten percibir nuestros cambios internos y nos ayudan a modificar nuestra vida.

Nos ayudan a echar cimientos, a consolidar nuestras zonas más débiles, a sentar bases sólidas y a superar los bloques internos. Nos mantienen cautos y realistas.

Contribuyen a generar nuevos proyectos laborales y a ponerlos en práctica. Concentran todas las energías de la mente para que renovemos nuestra actividad laboral. Nos otorgan franqueza y espontaneidad, nos despiertan la intuición y la sensibilidad.

Nos conectan con la naturaleza y la esencia de la vida. Nos permiten percibir aquello que no se ve, que la luz penetre en nuestros pensamientos y que transformemos nuestra conciencia.

Nos generan mayor compromiso con los seres humanos, nos ayudan a establecer una escala de valores. Nos despiertan nuevas energías. Nos hacen experimentar un estado de infinita plenitud.

Nos otorgan la capacidad de concretar nuestra espiritualidad, de compartir nuestras riquezas espirituales. Nos otorgan quietud. Nos enseñan a recorrer nuestras percepciones. Abren nuestro corazón a los demás.

Restablecen nuestras fuerzas y nuestro temple. Nos dan empuje para realizar las tareas que elegimos. Aumentan nuestra vitalidad. Nos ayudan a tener control y disciplina, a llevar una vida equilibrada y responsable.

Nos permiten desarrollar nuestro control interno. Nos brindan energía y seguridad. Nos enseñan a ser serviciales. Favorecen nuestra integridad y su salud. Nos ayudan a renunciar a recuerdos que nos provocan dolor.

Nos guían hacia nuevas amistades, hacia personas comprensivas, con sentido del humor, responsables. Nos ayudan a tener confianza en nuestro propio juicio y nos enseñan a pedir consejo y ayuda.

Generan un campo positivo que nos quita la tristeza y la depresión. Nos brindan más alegría y ganas de vivir.

Nos ayudan a contestarnos todas las preguntas, por más dolorosas y duras que éstas sean.

Nos dan una mayor capacidad para descubrir las necesidades de los demás. Equilibran nuestro corazón. Nos permiten sentir lealtad y devoción.

Nos enseñan a descubrir las nuevas ideas que surgen en nuestra conciencia y a aceptar los cambios que se producen en nuestra vida. Nos liberan de viejas estructuras o formulismos que nos impiden vivir con más libertad.

Nos ayudan a lograr nuevos encuentros que favorecerán algún aspecto de nuestra vida. Nos ayudan a relajarnos y a encontrar la paz. Anulan las vibraciones negativas y favorecen el bienestar psíquico y físico.

Calman nuestra ira y nuestros enojos. Liberan las tensiones y aplacan nuestra agresividad. Nos permiten ver la solución de los problemas con claridad. Nos enseñan a perdonar a quienes nos han lastimado.

Aumentan nuestro entusiasmo por la vida y nuestra energía positiva. Nos dan valor para cultivar nuestros deseos. Nos dan fuerza espiritual para enfrentar situaciones difíciles y mayor confianza en nosotros mismos.

Nos dan una actitud positiva con las personas con las que estamos en contacto. Nos ayudan a mantener nuestras posiciones, sin llegar a ser obstinados. Nos dan seguridad y protección.

Nos inducen a la reflexión y a la meditación. Mejoran nuestra comunicación personal y permiten que las buenas ideas sean recibidas por los otros sin problemas.

Nos ayudan frente al temor, a la humillación que a veces vivimos. Contribuyen a eliminar nuestro estrés fortaleciendo nuestra mente.

Favorecen nuestros hábitos saludables. Nos enseñan a sentirnos satisfechos, a aprender de nuestras fantasías y a usar nuestra imaginación sin temor.

Intervienen en la protección de las casas y los animales, y aportan el bienestar necesario de manera correcta y eficaz. Permiten que la luz celestial descienda volviendo todo más claro y luminoso.

Nos hacen rechazar todo mal pensamiento, envidia o energía negativa generando un escudo para protegernos. Producen el bienestar personal en todos los órdenes de la vida.

Incentivan nuestra inteligencia y discernimiento. Nos permiten entender la vida como una enseñanza constante. Nos enseñan a expresar nuestros sentimientos, a ser más receptivos. Nos enseñan a expresar nuestra buena voluntad. Nos brindan la posibilidad de guiar y ayudar a quienes nos rodean.

Nos otorgan mayor concentración y capacidad para comprender nuestra realidad y aprovechar nuestros conocimientos. Mejoran nuestra memoria, nos dan poder de convicción, aplomo y perseverancia para lograr los objetivos que nos proponemos.

Nos ayudan a diferenciar nuestra verdadera y profunda voluntad. Nos iluminan para que pongamos nuestras energías en las cosas que realmente valen la pena.

(XVI)

Cómo descubrimos la presencia de los ángeles

Si bien los ángeles están siempre a nuestro lado, ellos demuestran su presencia de diferentes formas:

- Cuando tenemos una buena idea que surge espontáneamente.
- Cuando nuestra alma está plena de alegría.
- Cuando sentimos que algo nos previene del peligro.
- Cuando vemos más allá de lo que nos muestran.
- Cuando oímos más allá de lo que escuchamos.
- Cuando nuestra conciencia nos habla.
- Cuando hacemos el bien.
- Cuando perdonamos a quienes nos ofendieron.
- Cuando rectificamos nuestros errores.
- Cuando protegemos a los indefensos.
- Cuando defendemos la verdad.
- Cuando aceptamos nuestros defectos.
- Cuando superamos un traspié.
- Cuando rectificamos nuestros errores.
- Cuando aprovechamos nuestras virtudes.
- Cuando ayudamos a quien nos necesita.
- Cuando reprimimos nuestra agresión.
- Cuando pedimos perdón.
- Cuando somos justos con los demás y con nosotros mismos.

Para cada ocasión un ángel

Oración Inicial

Cerremos los ojos.
Inspiremos lentamente.
Relajemos nuestros músculos.
Dejemos que nuestros pensamientos fluyan.
Invoquemos la presencia angelical.
Abramos el corazón y el espíritu
para percibir su amor y paz.

• El Abatimiento

El abatimiento es el cansancio del alma. Cuando nos sentimos abatidos, no sólo no podemos dormir con tranquilidad sino que no podemos dejar de pensar en el problema que nos agobia y nos sentimos abrumados y sobrepasados. Todo es insoportable y difícil de aceptar. La intolerancia gana todas las batallas y la paciencia es vencida.

Nuestros amigos angelicales están atentos a nuestros problemas y vienen en nuestra ayuda a tranquilizarnos y a reflexionar sobre nuestra vida. Entonces encontraremos los motivos que nos llevan a sentirnos de esa manera. Debemos descubrir nuestras necesidades y seguramente cambiaremos muchos aspectos y reacciones para obtener nuevas fuerzas y más paciencia.

Pidamos a los ángeles que en los momentos de abatimiento nos impulsen a reflexionar para ver el camino a seguir.

• El Agradecimiento

El vértigo en el que nos vemos envueltos diariamente nos impide, la mayoría de las veces, apreciar todo lo bueno y bello que tiene la vida. Las preocupaciones nos invaden y somos incapaces de apreciar las cosas que nos rodean: las flores en una ventana, el cariño que recibimos, la alegría de estar vivos.

Si detenemos el frenesí cotidiano y reparamos en la infinidad de detalles gozosos que nos rodean seremos capaces de agradecer por ellos. La posibilidad del agradecimiento nos regocija el alma. Agradecer los afectos sinceros, las palabras de los que se preocupan por nosotros nos harán mejores personas.

Los ángeles nos permiten diferenciar las actitudes verdaderas de cada gesto y se alegran cuando agradecemos a los demás.

• El Agua

¿Nos detuvimos alguna vez a admirar el agua? Las formas que adquiere, los ruidos que emite, todo en ella es belleza. Siempre se ofrece pura y cristalina, sin ella no podríamos vivir.

Nos quita la sed, mantienen nuestro ser y la podemos admirar en todas partes: la cima de las montañas, las cascadas, los ríos, los mares, brota del suelo y cae del cielo.

Aunque creemos que es un recurso inagotable, no es así. Debemos cuidarla de la misma manera que cuidamos nuestro espíritu y nuestro corazón. A los ángeles les encanta el agua y nos acompañarán en nuestro empeño por cuidarla ya que esto será beneficioso para el mundo entero.

• El Alivio

Los ángeles traen el mensaje divino a nuestras almas cuando necesitamos que alivien nuestras penas o dolores. Ellos nos brindan consuelo en la tristeza y vienen a protegernos porque saben de nuestra angustia. Recordemos que cuando nos sentimos desamparados y solos, ellos despliegan sus alas para cobijarnos. Al invocarlos, nos regalan su armonía y su paz. Junto a ellos nunca tendremos tristeza porque su amor y comprensión aliviarán nuestros dolores.

Permitamos que nuestros amigos angelicales nos lleven de la mano cuando necesitemos alivio espiritual. Ellos nos cuidarán todo el tiempo que sea preciso. Poco a poco, sentiremos que el alivio llega, que la fuerza nos colma, que podemos enfrentar al mundo nuevamente.

• El Altruismo

Permitamos que el brillo angelical penetre en nuestro ser y nacerá el amor hacia la humanidad. Nuestra vida se colmará de ternura celestial y nuestras almas se elevarán. Este es el deseo de los ángeles.

Seamos nobles con nuestra ayuda, tengamos como meta en la vida entregar amor a todo aquel que nos lo pida. Lo importante es dar sin pedir nada a cambio. Esta actitud frente a los demás nos hará felices.

Cerremos los ojos e invoquemos a los ángeles. Con ternura nos guiarán para que vayamos por la senda elegida de aquel que da con alegría y desinterés.

La dicha que sentiremos nos permitirá seguir adelante con las fuerzas necesarias para no decaer en la tarea.

• El Amanecer

La noche va quedando atrás. Las primeras luces aparecen en el horizonte. Poco a poco, los pájaros comienzan con sus gorjeos. La brisa suave nos trae los primeros ruidos del día. Llega el amanecer y con él todos despertamos de nuestra noche de descanso. Con las primeras luces del día nuestras almas también amanecen. Nuestro despertar debe ser pacífico y tranquilo para que podamos gozar de un día pleno de paz.

Iniciamos la jornada y es preciso invocar a los ángeles para que nos traigan buenas nuevas. Ellos vendrán rápidamente con sus alas repletas de amor, sonrisas y caricias para colmarnos el corazón. En nuestro amanecer, con su presencia, sentiremos la alegría de haber disfrutado de un amanecer rebosante de dicha.

• El Amor Divino

La creación, todo lo que hay en ella, es una realización celestial. Pero también es un regalo que recibimos todos los días por el amor que nos tienen como seres humanos.

De la misma manera que toda esta maravilla nos fue dada para que la disfrutemos, tenemos la responsabilidad y la obligación de preservarla para los que están por venir. El amor divino nos obsequió todo lo que vemos a nuestro alrededor. Debemos corresponderle, cuidando y gozando de todo lo que nos rodea.

El amor divino llega a nosotros a través de los ángeles. Ellos son los encargados de traernos los mensajes de amor, fuerza, bondad, tranquilidad, humildad y de todas las virtudes y dones que podemos recibir a lo largo de nuestra vida.

• El Amor

Sería maravilloso que el mundo siguiera los caminos del amor. No siempre es así. Las miserias humanas hacen que los que deseamos un planeta reunido en el nombre del amor tengamos mucho trabajo. No estamos solos en esta tarea.

Los ángeles son pioneros en este asunto tan importante que es llevar el amor a donde vayan. Ellos se sentirán complacidos si nos sumamos a su hueste derramando amor.

El amor es el sonido primordial de la vida, es la luz que ilumina nuestra existencia. El amor es también orar por alguien que lo necesita o extender la mano para socorrer a un enfermo.

Tengamos presente que no se puede vivir sin sentir amor pues tendríamos una existencia vacía y vana. Acompañemos a los ángeles. Disfrutemos con la tarea de regalar amor.

• El Amparo

Cobijémonos al abrigo de las alas angelicales, sintiendo el calor de su energía y su protección especial. Apoyémonos en el pecho de los ángeles y dejemos que nos protejan.

Si tenemos miedo, si estamos angustiados, invoquemos a los ángeles que nos darán su protección y su confianza. Ellos nos regalan su ternura, quieren ser nuestros amigos. Apretemos su mano, ofrezcamos una sonrisa amplia y sincera. Agradezcamos su refugio y aprendamos a ofrecerlo a quienes lo necesitan. Dejemos que se apoyen en nosotros y protejamos con nuestros brazos, ofreciendo tranquilidad y amparo de la misma manera que los ángeles hacen con nosotros. Depositemos un beso en el alma y una caricia en el corazón de todos los que se nos acerquen pidiendo amparo.

• El Anochecer

Llega el anochecer. Con las últimas horas de la tarde, la vida se aquieta, los pájaros regresan a sus nidos, las luces que la naturaleza nos regala con el comienzo del día se apagan lentamente. Nosotros regresamos a nuestros hogares, cansados por el trabajo de todo el día, para compartir con nuestra familia las últimas horas de la jornada. Es el momento del día en el que buscamos paz, el momento del recogimiento y la tranquilidad, que nos llevará luego a un análisis de conciencia por todos los actos realizados.

Los ángeles vendrán a traernos el sosiego y la quietud que necesitamos. Además nos regalarán pensamientos nobles y sentimientos puros para que seamos justos con nuestro examen. Ellos nos acompañarán, sentiremos su presencia en nuestro corazón.

• El Arco Iris

Es un resplandor de belleza inconmensurable que adorna el cielo con maravillosos y resplandecientes colores. Es un regalo que nos traen los ángeles para alegrarnos el alma y para que veamos cuan hermosa es la creación. Cerremos los ojos y encontremos en nuestro interior la poderosa fuerza que esos colores nos dan. Observemos cada gama, cada contorno. Descubriremos la magia de ese milagro, nos sentiremos felices por disfrutar de esa visión sublime.

Los ángeles nos toman de la mano y nos conducen hacia los pensamientos positivos y al amor.

El arco iris nos produce admiración por su majestuosa presencia y nos hace sentir una profunda alegría interior. También la presencia de los ángeles nos ayuda a descubrir las bellezas de la naturaleza.

• El Auténtico Amor

Todos recordamos al amor que nos hacía vibrar, cuando era caudaloso y lo vivíamos con total plenitud. De todas maneras, el amor auténtico no se abandona porque se envejezca, se enferme o se pase un mal momento. Por el contrario, cuando el amor es verdadero, seguimos creyendo que la otra persona sigue siendo hermosa y seguimos amando su alma y la luz que irradia, como así también lo vemos de la misma manera que nos cautivó la primera vez.

El amor auténtico nos permite gozar de la dicha de compartir nuestra vida con el ser amado. Somos afortunados.

Invoquemos a los ángeles y demos las gracias por tener un amor verdadero, por haberlo conocido.

• El Buen Humor

El buen humor es una cualidad que todos los seres humanos deberíamos practicar. Las personas que tienen buen humor son queridas y aceptadas pues ven las cosas desde otro punto de vista, expresan sus pensamientos de manera diferente y siempre, aun en los momentos difíciles, hacen una lectura distinta de la situación. Son seres agradables que nunca desean herir a nadie y tratan de llevar una vida placentera.

Si sabemos apreciar nuestra vida, aprenderemos a encontrar un motivo para estar de buen humor. Pidamos a los ángeles que nos ayuden a capitalizar los hechos positivos, los momentos agradables que son los que producen la alegría interna. Si podemos exteriorizar esta alegría en buen humor, habremos logrado un paso importante en nuestra vida interior.

• El Caminante

Somos caminantes de la vida. Transcurrimos por ella con nuestra experiencia surgida de cada hecho que nos toca vivir. Recorremos diferentes terrenos, algunos con paisajes prodigiosos que nos alegran el alma, otros cubiertos de espinas que lastiman nuestros pies al andar.

Nuestro destino es uno y nuestro único deseo es alcanzarlo con plenitud espiritual. Es verdad que, a veces, tomamos por atajos que nos fortalecen pero siempre, en cada surco que pisamos debemos cuidarnos de las piedras que nos pueden provocar una caída.

Recordemos que los ángeles acompañan nuestra vida. Ellos nos proveen del bastón de apoyo preciso para sostenernos ya que está hecho con fortaleza espiritual. Nos proporcionan agua que nos otorgará felicidad y paciencia, nos facilitan la indumentaria necesaria para que vayamos livianos y reconfortados.

• El Canto

El canto es vida. Pensemos en la hermosa sensación que tenemos cuando escuchamos cantar a alguien, cuando escuchamos una música que nos envuelve y hace elevar nuestros sentimientos o, simplemente, cuando oímos a los pájaros con sus gorjeos increíbles.

Las melodías que nos ofrecen las recibimos en forma de felicidad y alegría. La música eleva nuestra alma, nos produce brillos celestiales que provocan en nosotros una mejor predisposición para nuestra jornada.

Con su canto, los ángeles nos regalan su armonía. Cerremos los ojos. Durante la meditación descubriremos su melodía divina que nos ayudará a encarar los problemas diarios, a superarlos y a sentirnos felices por todo lo que tenemos. Escuchemos a los ángeles porque ellos cantan para nosotros.

• El Cielo

Pocas veces miramos el cielo para recrearnos en su hermosura, su inmensidad y su misterio. Generalmente lo hacemos para averiguar si está nublado o soleado. La vida diaria nos ha quitado la bella costumbre de observar el cielo, sus cambios, las formas irrisorias de las nubes, los dibujos que forman los pájaros cuando vuelan o, en la noche, el movimiento continuo de las estrellas con su brillo incesante, el esplendor refulgente que nos regala la luna y la oscuridad total del firmamento. Pidamos a los ángeles que nos ayuden a recuperar esta costumbre de observar el cielo. Nos permitirá elevarnos, soñar, sentir que somos seres pequeños en este hermoso mundo, con una preciosa vida para disfrutar.

• El Compromiso

En nuestra vida cumplimos diferentes compromisos que asumimos por cuestiones laborales, familiares o de cualquier otra índole. No todos son de nuestro agrado pero, en algunos casos, estamos obligados a ellos. En cambio, cuando se trata de nuestras ideas o sentimientos, nos comprometemos de manera completa y no hay nada que nos haga cambiar de parecer. Nuestro compromiso con las metas elegidas, con los ideales y anhelos que deseamos y queremos cumplir es importante y queremos cumplirlo para lograr lo que deseamos. Sin embargo, siempre aparecen trabas que nos hacen caer o retrasar. Pidamos a los ángeles que nos acompañen y ayuden a quitar los obstáculos que impiden cumplir nuestros compromisos. Con nuestra mente abierta escucharemos sus consejos. A su lado lograremos superar todos los impedimentos porque se encargarán de allanar el camino que hemos trazado.

• El Conocimiento

Todo lo que nos sucede durante nuestra existencia nos aporta conocimientos buenos y malos. Este aprendizaje nos servirá para aplicar las experiencias vividas en diferentes circunstancias. Si bien acumulamos conocimientos desde nuestro nacimiento, no siempre los aprovechamos. Debemos tener en cuenta que el primer paso es el momento en que revisamos nuestros errores para no volver a cometerlos.

Nuestros conocimientos provienen de las buenas o malas experiencias, pero lo importante es capitalizarlos, no dejarlas abandonados y aplicarlos en cada momento de nuestra vida.

Pidamos a los ángeles que nos ayuden a descubrir todo el conocimiento que sea posible, que siempre estemos preparados para absorber todo aquello que sirva para nuestro crecimiento interior y que tengamos la sabiduría necesaria para descubrir las experiencias que nos pueden aportar cada hecho que nos ocurre.

• El Consentimiento

Damos nuestro consentimiento cuando estamos de acuerdo con alguien, cuando estamos conformes con algo. Sin embargo, con frecuencia consentimos cosas sin pensar demasiado o sin tomar conciencia de las consecuencias que pueden acarrear esas decisiones. También, a veces nos manipulan para que aceptemos algo y luego nos sentimos utilizados al darnos cuenta aunque ya no hay tiempo para echarse atrás. Los ángeles quieren ayudarnos a que podamos discernir, que sepamos cuando tenemos que dar nuestro consentimiento, que tenemos derecho a estar o no de acuerdo, de expresarlo y llevarlo a cabo o sostenerlo. Nos guiarán para que meditemos antes de decidir y brindarnos la suficiente fortaleza para negarnos.

• El Consuelo

Qué hermoso es sentir la compañía de alguien que nos ama cuando tenemos un problema. Sus palabras son un consuelo y su silencio también. Existen personas que están tocadas por la varita mágica porque tienen la virtud de decir la palabra exacta o de actuar de la manera precisa para consolar a alguien que está mal. A su lado sentimos tranquilidad, comprensión y apoyo. Nos reconfortan el alma y nos ayudan a conseguir la seguridad y la fe que necesitamos en esos momentos.Si nacimos con este don divino, debemos agradecer profundamente ya que somos seres privilegiados. Llamemos a los ángeles y con una oración demos las gracias por esta virtud que nos han dado y pidamos que siempre nos apoyen cuando alguien necesita de nuestro consuelo.

• El Crepúsculo

El crepúsculo nos ofrece el descanso junto a nuestros seres queridos. Hagamos silencio y escuchemos a los pájaros que, poco a poco, se acomodan en sus nidos para esperar la noche, el ruido cada vez más tenue de la gente regresando a sus hogares.Compartamos las experiencias vividas durante la jornada y demos las gracias por la familia que tenemos, la casa acogedora y la salud que disfrutamos. Somos privilegiados. El crepúsculo nos invita a la reflexión y a la calma. Aprovechemos para elevar nuestras oraciones y pidamos tranquilidad para el resto del día.

Los ángeles vendrán a acompañarnos y nos regalarán un cielo repleto de colores tenues y estrellas que comienzan a brillar. Estas sensaciones nos brindarán bienestar y protegerán nuestros sueños.

• El Cumpleaños

A todos nos gusta sentirnos homenajeados el día de nuestro cumpleaños. Estar rodeados de todos los que nos aman y compartir gratos momentos. Es importante para nosotros. El abrazo del amigo, el beso del ser amado, el cariño irremplazable de los hijos y el de los padres. Nuestro deseo más profundo es que ese día todos estén a nuestro alrededor.De la misma manera, debemos tener en cuenta que cuando un ser querido festeja su cumpleaños, siente lo mismo que nosotros y no debemos faltar a su cita. Pero no debe ser una obligación sino sentir profundamente en el alma el deseo de compartir ese día tan importante. El corazón debe estar repleto de amor y de ternura, y ofrecer nuestro cariño con sinceridad.

Pidamos a los ángeles que nos bendigan especialmente el día de nuestro cumpleaños y cuando acompañamos a los que amamos les entreguen las mismas bendiciones.

• El Desamparo

Nos sentimos desamparados cuando finaliza una etapa o una situación que estábamos viviendo. Sentimos que nuestra alma está invadida por la ira, el miedo y el abandono. Son demasiados sentimientos negativos para soportarlo. Si bien sabemos que a nuestro alrededor hay personas que nos aman, nos solos y desamparados ante el mundo.

No debemos desesperar pues los ángeles nos ayudarán. Guiarán nuestros pensamientos para valorar lo sucedido y reconocer la importancia de lo que está por venir. Nos enseñarán que la renovación que llega es una vida nueva, que debemos ser optimistas y que nuestro corazón tiene que estar abierto a nuevas situaciones. Debemos aprender que todas las etapas culminan y que no significa que se termine la vida.

• El Desarraigo

Muchas veces sentimos que no tenemos raíces en nuestro pequeño mundo, que no pertenecemos al lugar en el que vivimos. Son muchos los factores que pueden hacernos sentir así pero, principalmente, cuando sentimos que estamos solos y nos falta amor a nuestro alrededor. Entonces debemos analizar el origen de nuestro desarraigo para poder revertir este sentimiento. A menudo el desarraigo nos señala una dirección, un camino que debemos descubrir.

Cerremos los ojos. Invoquemos a los ángeles para que nos acompañen en nuestra meditación. La reflexión nos servirá para ubicarnos, encontrar nuestras verdades y revelar nuestras raíces que creíamos perdidas. Surgirá, entonces, una nueva fuerza y unas ganas tremendas de aferrarnos a quienes amamos.

• El Día

Surge la luz del amanecer. Se comienzan a vislumbrar los primeros rayos del sol. El día nace con fuerza y vigor. Las flores, los árboles, la gente caminando por la calle, todo comienza a tomar forma y a recobrar vida.

Los ángeles están contentos porque se inicia un nuevo día. Ellos llegan a nosotros y nos despiertan con sus alas para que comencemos la jornada. Absorbamos los rayos de luz que nos acarician y saludemos infinitamente la gracia de estar vivos. Amemos y bendigamos cada pájaro que vuela, cada sonrisa y caricia que recibamos.

Cerremos los ojos. Meditemos acerca de nuestras tareas. Agreguemos nuestra cuota de alegría y optimismo a cada una de ellas. Hoy será un día esplendoroso. Agradezcamos a los ángeles por este regalo que nos han hecho.

• El Encanto

Belleza y armonía. Son dos virtudes necesarias para esparcir encanto a nuestro alrededor. El encanto nos permite derramar luz, calma y dulzura. El encanto hace que las personas estén dispuestas a recibir con alegría nuestra ayuda.

Si poseemos un alma encantadora nuestros ojos irradiarán un brillo angelical y nuestras palabras vibrarán en los oídos de quienes las reciban. Nuestro camino será más fácil y seremos bien recibidos donde vayamos.

Los ángeles nos traen su amor y su gozo para que nos colmen de paz, nos otorguen tranquilidad y autoestima para que nuestro encanto se alimente. La bondad angelical es infinita y está a nuestra disposición. No dejemos de lado la ayuda que quieren brindarnos cada día de nuestra vida y derramemos encanto en cada persona que se nos acerque, en cada lugar al que vayamos.

• El Espíritu

Somos integrantes de un orden que nos abarca y supera, tan inmersos en nuestra corporalidad que descuidamos aquello que nos eleva y rescatará: el espíritu, nuestra parte incorpórea, aquello que nos permite intuir o descubrir que cada uno de nosotros tiene una misión.

Somos seres espirituales por el solo hecho de pertenecer al mundo y reconocer en él la creación regida por un orden superior. Nuestra vida actual se estrecha y se empobrece. Corremos detrás de todo lo que nos aleja de nuestra espiritualidad. Dejamos de tener conciencia de los beneficios que nos puede dar el desarrollo de esa dimensión. Crezcamos ejerciendo nuestras capacidades espirituales.

Cuando sintamos acorralado nuestro corazón convoquemos a los ángeles para que vengan en nuestra ayuda. Alivio y sanidad emocional, eso sentiremos crecer dentro nuestro.

• El Esplendor

Aquello que brilla está dentro de nosotros aunque no siempre lo vemos. Podemos estar en nuestro mejor momento, en la cúspide de algo sin advertirlo. Encerrado en el cofre de nuestra vida y nuestros sueños deberán buscar la llave que nos permita abrirnos al todo, visualizar nuestra llama interior, la que nos enciende y hace que brillemos para los demás y para nosotros mismos.

Cerremos los ojos y aspiremos profundamente varias veces. Los ángeles llegan a nosotros para acercarnos esa posibilidad, para que seamos nuestra propia llave, nuestro horizonte. Los ángeles serán nuestra compañía, nuestro soporte, aquel espejo que ayude a reflejar la mejor luz, el más intenso brillo que atraiga el amor y el esplendor de la vida de cada día.

• El Éxito

Todos creemos que alguien es exitoso porque posee una casa deslumbrante, una gran fortuna, un puesto de trabajo importante o fama que le permite ser reconocido donde quiera que vaya. Sin embargo, el éxito no se reduce solamente a lo económico o al reconocimiento social.

El éxito más importante es aquel que logramos cuando cumplimos con alguna de las metas que nos eleva como personas. Si somos coherentes con nosotros mismos y seguimos fieles a nuestras creencias, pensamientos y forma de ser, nos convertiremos en exitosos frente a nosotros mismos porque haremos caso omiso de las necesidades materiales que imponen los demás y respetaremos nuestra esencia.

Los ángeles se alegran con nuestro éxito cotidiano y nos ayudan a que seamos perseverantes en nuestro camino. Es importante que les demos gracias por apoyarnos en todo momento y por guiarnos por la buena senda.

• El Honor

Permitamos que los ángeles nos colmen con sus resplandores espirituales. Están a nuestro lado, ayudando en este camino que elegimos para ser nobles, honestos y preservar nuestro honor. No estamos solos. Somos muchos los que consideramos que es una virtud muy respetable y que es una de las bases fundamentales para elevarnos como personas.Cuando nuestro honor es intachable podemos caminar con la cabeza erguida y con la conciencia tranquila. No hay nada que ocultar y la verdad está por delante de todo lo que emprendamos. Es un sendero recto y satisfactorio pero siempre hay piedras en el camino. En esos casos, los ángeles estarán allí para socorrernos y ayudarnos a no claudicar cuando nos vean cansados, para darnos fuerzas.

• El Ingenio

Los ángeles nos traen luces radiantes, amores puros, ideas ingeniosas para que disfrutemos de nuestra existencia en esta tierra. Ellos son los encargados de inspirarnos estas ideas geniales para que aliviemos nuestras penas. El ingenio nos ayuda a sobrellevar nuestra vida, a pensar nuestros problemas desde un punto de vista diferente. Nos obliga a estar alertas, a ser originales, a investigar y a no ser repetitivos.

Cerremos los ojos y pidamos a los ángeles que vengan a acompañarnos y nos traigan ingenio. Ellos nos brindarán lo que les pedimos y, además, nos ayudarán a que seamos amplios en nuestra manera de pensar y a aplicar nuestro ingenio en cada acto de nuestra vida.

• El Insomnio

Mucha gente sufre de insomnio y aunque hacen lo imposible por conciliar el sueño, no lo consiguen. Recurren a las drogas o al alcohol para vencerlo, pero caen en la dependencia de sustancias que destruyen el cuerpo y el cerebro.

El sueño permite al cuerpo recuperar las energías perdidas durante el día. La imposibilidad de dormir es el síntoma visible de los problemas que acallamos o escondemos. El mejor camino para superar este problema es la meditación y el análisis exhaustivo de nuestra vida.

Los ángeles sugieren que el insomnio puede ser un mensaje para que vigilemos nuestro interior. Si sentimos un desequilibrio en nuestra vida, reflexionemos sinceramente. Ocupemos nuestra vida en actividades que nos produzcan placer y desechemos aquellas que nos provoquen angustia. Esto será beneficioso para relajar tensiones y podremos conciliar el tan necesario sueño.

• El Instinto

Los seres humanos nos dividimos en razón e instinto. Cada parte se complementa y es tan importante una como la otra. La sociedad ha hecho que guardemos nuestro instinto y que vayamos siempre por el camino de la razón. Sin embargo, el instinto es el sentido que nos preserva de muchas cosas y al que, con frecuencia, no lo tenemos en cuenta.

Por otro lado, los impulsos instintivos funcionan dentro de nosotros. Cuando los canalizamos y los aplicamos de forma constructiva son provechosos para nuestro crecimiento personal. La aceptación del instinto es un gran paso en el camino del amor superior. Los ángeles nos fomentan a que utilicemos el instinto porque saben que descubriremos muchas facetas de nuestra persona que desconocemos.

• El Llanto

El llanto surge para expresar una emoción que nos sobrepasa y no podemos dominar. Cuando necesitamos llorar es imposible evitarlo, aunque tratemos de impedirlo. Cuando terminamos de llorar, el sentimiento perdura pero nos sentimos más aliviados. Si reprimimos el llanto, sentimos una opresión en el corazón que es difícil de soportar.

Cualquiera sea el motivo por el que lloramos, una alegría que nos supera o un dolor muy grande, no debemos tener vergüenza por demostrarlo. De todas maneras, en ocasiones preferimos estar solos porque consideramos que lo que nos está pasando es algo muy personal. Lo importante es que no guardemos las lágrimas y expresemos nuestros sentimientos sin temor.

Recordemos que siempre que lloramos los ángeles están acompañándonos. Ellos lamentan cada lágrima de dolor que sale de nuestros ojos de la misma manera que se alegran por las que surgen debido a una alegría.

• El Malentendido

Darse cuenta de que nos escuchan y comprenden es importante y ayuda a conseguir una buena comunicación entre todos los seres humanos. Sin embargo, en algunos casos se lo logra con facilidad porque cuando tenemos que decir algo que puede resultar desagradable, aunque lo digamos de la mejor manera posible, la otra persona se pone a la defensiva y surge de su parte la recriminación.

Recordemos que los ángeles nos escuchan y valoran nuestra existencia. Si nos sentimos incomprendidos, pidamos su ayuda. Él establecerá la comunicación con la otra parte para que desaparezca el malentendido y surja el acuerdo entre las dos partes.

Cuando somos capaces de escuchar lo que el prójimo nos tiene que decir, de reconocerlo o de pedir perdón, sin rechazarlo o ser protector, entonces estamos en el camino de la verdadera comunicación.

• El Manantial

Los ángeles nos traen su aura de luz celestial, clara, pura, con emanaciones de paz, tranquilidad y calma que reconfortan nuestra existencia. Llegan a nuestra vida con bendiciones angelicales para hacernos felices.

Cerremos los ojos y aspiremos su iluminación divina. Percibiremos su tranquilidad y armonía. Nos regalarán ternura. Descubriremos el manantial de amor que vienen a ofrecernos, fuente inagotable de dicha y felicidad.

Meditemos sobre su presencia en nuestras vidas. Ellos nos abrazan y nos aman. Su fuente eterna nos transmite el don de la bondad y nos bendice. Nos toman de la mano y, con júbilo, nos conducen por la senda gloriosa del amor celestial.

• El Mar

Los ángeles se acercan a nosotros para enseñarnos las bellas cosas que tiene la vida. Por ejemplo, ellos nos señalan la hermosura del mar, su bravura, sus movimientos, sus grandes olas cubiertas de espuma blanca y pura, su ir y venir. Nos muestran su fuerza y sus cambios. Cada ola es un juego que el mar nos ofrece para que apreciemos su belleza y su fuerza.

Los ángeles nos enseñan la magnificencia del mar, que aprendamos a valorarlo, respetarlo. También quieren que disfrutemos de su belleza y lo disfrutemos aprovechando todo lo que nos ofrece.

Cerremos los ojos y aspiremos ese aroma marino. Escuchemos el poderoso sonido del mar. Descubriremos que nos ayudará a meditar, ofreciéndonos paz. Inundará nuestro ser de amor, tranquilidad y sosiego.

• El Miedo

En algún momento de nuestra vida nos vimos sometidos a nuestros miedos. Sin embargo, siempre hay una forma para combatirlos. Lo importante es conservar un sitio de paz en nuestro espíritu y saber escuchar los consejos de los ángeles que nos cuidan.

Cuando nos desprendemos de nuestra parte racional y damos paso al instinto, comprobamos que aumentan las ideas positivas. Si el miedo nos vence, todas esas ideas se pierden. Para que esto no suceda, debemos recurrir al amor de nuestros seres queridos que nos fortalecerán.

Los miedos siempre aparecerán. Lo fundamental es aprender a manejarlos. Los ángeles nos ayudarán a vencer los miedos y a señalarnos el camino a seguir. Ellos no quieren que vivamos con miedo sino que disfrutemos de la vida.

• El Optimismo

La alegría, la risa, el júbilo descienden sobre nosotros con la fuerza de lo divino. Este es nuestro día. Gracias a los ángeles, somos los mensajeros que ofrecemos la dicha de estar vivos y cada momento nos brinda la oportunidad de crecer, amar y corregir el error cometido, aquello que tuerce lo que debe estar recto, lo que endereza lo torcido y transforma el corazón humano con la potencia de lo divino.

Hoy será un buen día aunque pensemos lo contrario. Recibiremos la luz angelical que nos iluminará y su brillo será el sol que encandila el presente y el futuro.

El optimismo es contagioso. Por eso, regalémoslo a los demás aunque no nos sobre. Ofrezcámoslo como abrazo cariñoso a todo aquel que lo necesite.

• El Orden

En toda la creación hay un orden establecido que es preciso respetar para que todos podamos gozar de la naturaleza en plenitud, para que el universo continúe su ritmo. Es indispensable que seamos respetuosos y que entendamos que ese orden nos ofrece alegría, armonía y belleza.

De la misma manera, nuestra vida debe tener orden ya que es necesario organizar todas nuestras tareas. En el plano espiritual, el orden nos aporta paz y claridad en las decisiones. Si establecemos normas de conducta, nuestra senda será más fácil de caminar.

Pidamos a los ángeles que el orden nos ayude, nos organice y nos permita crecer. Ellos nos aportarán serenidad en el pensamiento y decisión en la acción.

• El Pasado

Con frecuencia somos recurrentes con ideas y sentimientos del pasado que nos lastiman o reviven absurdas y viejas heridas. Tenemos tendencia a no vivir el presente plenamente y lleno de oportunidades esperanzadoras que se nos ofrecen para disfrutar.

Los ángeles nos quieren ayudar a modificar esta conexión negativa con el pasado y transformarla en ideas positivas. Todo lo que hemos vivido podemos modificarlo en el presente simplemente con un cambio de actitud de nuestra parte. Es imprescindible abandonar esta postura que nos lastima, dejando las ofensas y los amores perdidos donde están.

Con sus palabras aprenderemos a rechazar lo que nos hace daño y nos hiere. Los ángeles abrirán nuestro corazón al olvido y permitirán rescatar sólo lo bueno.

• El Perdón

En algún momento de nuestra vida hemos sido agredidos. La primera reacción que tenemos es ofendernos o contestar la agresión con una mayor. Este camino nos conduce a un callejón sin salida, a una relación destruida que puede revertirse simplemente con un cambio de actitud de nuestra parte.

Si bien nos sentimos muy heridos por la ofensa recibida y nuestro primer impulso es no olvidarla, debemos meditar y tomar las cosas con calma. Descubrir el motivo de esa agresión, tratar de comprender la reacción ajena. Luego de tranquilizarnos, busquemos dentro el perdón hacia quien nos lastimó. Esta actitud elevará nuestra alma y purificará nuestro corazón.

Los ángeles quieren que nuestra vida esté llena de felicidad, paz y perdón. Si no ofrecemos perdón o no sabemos pedirlo, no tendremos plenitud en nuestra alma. Ellos nos ayudarán a encontrarlo y ofrecerlo.

• El Poder

La emanación que conjuga amor y fuerza, que tenemos al alcance de nuestras manos con solo despertar lo que vive en nosotros, bajo las presiones cotidianas y los olvidos de vivir. Los ángeles llegan a nosotros para despertar lo que está dormido, lo que existe y no está consciente, aquella fuerza poderosa que destrabará nuestra vida.

Traerá la paz, la potencia celestial que podremos visualizar apenas sintamos las manos de los ángeles sobre nuestras almas. El fulgor de cada uno estallará en el momento que despertemos el poder que tenemos dormido.

Dejemos que los ángeles actúen e inunden nuestra vida y la de los que nos rodean. Brillaremos con el amor que emana del poder que habita en nosotros para transformar aquello que sea necesario y afirmará lo positivo que irradiará en cada momento.

• El Recogimiento

Resulta interesante escuchar que la mayoría de la gente piensa en el recogimiento como un proceso de ruptura y fragmentación. Sin embargo, es exactamente lo contrario. Se alcanza lo absoluto a través de la contemplación y de la meditación. Somos conscientes de que la mayoría de los seres humanos buscan la paz y la tranquilidad. Esta búsqueda es una necesidad y cuando tratamos de conservarla o conseguirla nos sentimos reconfortados. Podemos dedicar el tiempo necesario, éste siempre será dichoso.

Invoquemos a los ángeles y recemos junto a ellos para conseguir la paz que anhelamos. Meditemos a diario, reflexionemos sobre nuestra vida. Así lograremos el recogimiento y los ángeles nos enseñarán a volar alto.

• El Remordimiento

Nuestros remordimientos surgen cuando hicimos algo que nos avergüenza. Esto nos provoca culpa y nos sentimos mal. Lo importante es superarlos porque sino volverán siempre para atormentarnos. Al reconocer que actuamos incorrectamente, estamos dando un primer paso importante. Así descubriremos el aspecto positivo que este reconocimiento implica: nos preocupamos porque nuestros actos erróneos pueden afectar a quienes nos rodean.

Aprovechemos el cobijo que nos ofrecen los ángeles para pensar con tranquilidad y sin apuro sobre nuestros remordimientos y los actos que los provocaron.

Invoquemos a los ángeles para pedir perdón por los errores cometidos e intentemos corregirlos. Nos ayudarán a arrojar la pesada carga del remordimiento para que seamos libres y no volvamos a cometer las mismas equivocaciones en el futuro.

• El Rencor

El rencor es uno de los peores sentimientos porque no deja vivir en paz y siempre está presente en cada acto de la vida atándonos al pasado. El rencor produce dolor y, sin embargo, lo conservamos aunque el responsable del dolor que sentimos ya no es el objeto del rencor sino el rencor mismo.

El rencor no nos permite crecer ni vivir con alegría. Llena de odio y resentimiento nuestra alma, nuestra mente y nuestro corazón. Cuando sentimos rencor se nos oscurece la mirada y la vida se torna insoportable.

Los ángeles nos enseñarán a olvidar nuestros rencores y descubrir que no vale la pena vivir con una carga tan pesada. Nos ayudarán a descubrir que este sentimiento nos impide ser felices y que, librados de este sentimiento, seremos más libres para encarar el presente.

• El Respeto

Nosotros también somos el otro y, recíprocamente, el otro forma parte de nosotros. Esta idea tan sencilla como reveladora se nos olvida con tanta frecuencia que todos tendemos a sentir que sólo uno vale por sí y no recordamos que vivimos interrelacionados con un entorno que nos obliga a aprender algo tan elemental como importante: podemos ser en tanto y en cuanto los demás son también.

Respetar a los otros implica aprender a respetarse a sí mismo y desde allí construir nexos que nos lleven a entender al otro. El desequilibrio interior nos lleva a bajar nuestra autoestima y eso nos pone en conflicto con los demás.

Los ángeles nos tienden la mano y nos devuelven aquel amor interior que hace que todos nos vean de otra forma.

• El Silencio

Sentiremos la presencia de los ángeles como un halo de quietud, de paz, de ausencia. Llenarán nuestro corazón de aquello que es importante, de lo que la palabra no puede nombrar. Cerremos los ojos para atraer lo divino, lo supremo que la reflexión nos dará. Cada día trae lo necesario en medio de lo que sobra. El ruido que satura todo y apaga cada meditación nos invitan al silencio, que no es la ausencia de sonido sino el espacio que podemos generar para ser nosotros mismos, para crecer desde adentro. Silenciar lo superfluo para amplificar lo importante.

Los ángeles están allí, alimentándonos con aquello que nos dará la fuerza para conectarnos con lo divino. La quietud de la oración empuja la ascensión del alma, de la palabra que sabrá del silencio celestial.

• El Tiempo

Nuestro tiempo transcurre y no nos damos cuenta de que muchas veces se pierde sin necesidad. Esto no significa que debemos vivir ceñidos a una agenda estricta o a un reloj implacable que no nos permitan hacer nada más que cumplir obligaciones. También debemos darnos tiempo para todas aquellas cosas que nos producen placer.

De todas maneras, si bien es bueno disfrutar del ocio también es bueno tener en cuenta que podemos ocuparnos de causas nobles. Con frecuencia, no sabemos qué hacer con nuestro tiempo libre, lo malgastamos y no pensamos que hay mucha gente que necesita de alguien que la ayude o acompañe.

Los ángeles nos ayudarán a que organicemos nuestra vida para que tengamos el tiempo necesario para trabajar, disfrutar y, también, para que podamos ocuparnos de la gente que necesita nuestro amor y solidaridad.

• El Valor

Para los ángeles no existe el pasado, ni el presente ni el futuro. Cualquier momento del tiempo es eterno. En cambio, para nosotros no es así y ellos lo saben. Por eso nos guían por el sendero que nos lleva a comprender que el tiempo es precioso. Debemos valorarlo y aprovecharlo para causas nobles.También debemos valorar los dones y virtudes que nos fueron dadas. Tenemos que utilizarlas para favorecernos a nosotros y a los demás.

El valor surge de nuestra fuerza interior y de nuestro tesón para conseguir y llegar a los objetivos que nos proponemos. Es fundamental para nuestra vida. Los ángeles despiertan los sentidos de nuestras almas, escuchan nuestras palabras y nos ayudan.

Aprovechemos su presencia y pidamos que protejan nuestro valor, que nos cobijen cuando decaemos y nos apuntalen para continuar. Los ángeles nos ayudarán a fortalecerlo y a que nunca nos falte.

• La Abnegación

La abnegación es la entrega desinteresada, es llevar consuelo para mitigar el dolor ajeno. Es importante ofrecer nuestro amor para ayudar a otros porque nos dará felicidad y sentiremos nuestro corazón pleno de dicha. El alma se regocijará y sentiremos la necesidad de continuar con la tarea de entrega a los otros.

Nuestra cooperación brindará paz y tranquilidad a nuestros semejantes, no se sentirán discriminados ni abandonados. La abnegación es una virtud admirable ya que dejamos de lado nuestros intereses y mezquindades en pos de los intereses de los demás.

Los ángeles son seres abnegados y agradecen nuestra colaboración. Ellos ofrecen su amor constantemente, entregando consuelo y felicidad a quien lo necesite. Ellos nos acompañan y nos guían para que cooperemos con su trabajo diario.

• La Abundancia

Los ángeles saben que estamos convencidos de que el camino que hemos tomado es el correcto. Sabemos que la perfección espiritual no es fácil y la tarea es ardua. Por ese motivo no nos abandonan y siempre están a nuestro lado, alentando cada acto de nuestra vida. Cada mañana al despertar, encontramos una jornada plena de dones y virtudes que los ángeles nos han traído.

La abundancia de amor colma nuestra existencia. Los ángeles nos aman profundamente y nos proveerán de recursos inagotables que podremos ofrecer a quienes los necesiten.

Abramos nuestra mente, nuestra alma y nuestro corazón para recibir esa abundancia de virtudes que los ángeles derraman sobre nosotros. Demos gracias por su amor.

• La Aceptación

En ocasiones, la vida nos impone duras pruebas para nuestro espíritu. La única fórmula para sobrevivir y seguir adelante es aceptar lo que nos sucede.

Por otro lado, las imperfecciones de nuestro espíritu y nuestro carácter son factores que nos producen dolor y lesionan nuestra estima. Cuando aceptamos que tenemos fallas estamos dando el primer paso para vencerlas, porque si las descubrimos como errores, luego haremos todo lo que esté a nuestro alcance para corregirlas. Aceptarlas, aún con dolor, es querernos mejor. Aceptarnos es señal salud mental. Pidamos a los ángeles que nos confronten con nuestra esencia. Sólo a través de la aceptación podremos alcanzar la profundidad de nuestro propio espíritu. Sólo con amor podremos alcanzar un espíritu puro.

• La Adversidad

En ocasiones, lo que nos parece una tragedia o una frustración podemos transformarlo en una oportunidad para comenzar una nueva vida. Debemos reflexionar y darnos cuenta que la adversidad no siempre es una desgracia sino que con ella podemos descubrir nuevas posibilidades, nuevos conocimientos, nuevas experiencias. Siempre es bueno que surjan obstáculos en nuestra vida para que luchemos para derribarlos y seguir adelante. Si tenemos un espíritu fuerte y estamos seguros de nuestros actos, tendremos la capacidad necesaria para asumir los desafíos y transformarlos en condiciones favorables para nuestra vida.

Aprenderemos cuando avanzar y cuando retroceder, descubriremos el valor que tiene cada logro. Con todo este capital acumulado en nuestra vida, seremos capaces de confiar en nosotros mismos.

• La Alegría Interna

Con frecuencia solemos expresar que estamos alegres pero en realidad son pocas las veces que nuestra alegría surge de nuestra alma y se refleja externamente, con una mirada o con una actitud hacia los demás.

Aquel que goza de alegría interna ha recibido la gracia divina de la armonía y del amor puro. Quien sabe de la alegría interna es aquel que siempre encuentra la bondad en el prójimo, aquel que irradia calma espiritual. Gozamos de alegría interna cuando reflexionamos y descubrimos que somos afortunados por todo lo que poseemos y aprendemos a disfrutarlo.

Es necesario que meditemos acerca de todo lo que nos ha sido dado. Encontraremos que hemos sido beneficiados con muchos dones y mucho amor. Este es el camino que los ángeles nos señalarán para hallar la verdadera alegría, la interna, la que nace en nuestro espíritu.

• La Alegría

Cada día debe comenzar con una sonrisa, la alegría de estar sanos y saber que vivimos rodeados de seres que nos aman y amamos. Es nuestro ángel que nos hace ver las cosas buenas que tenemos y a valorarlas.

Cuando estamos preocupados o abrumados por los problemas, nuestro ángel nos alienta. Con sus caricias nos conduce hacia los buenos pensamientos y con su armonía nos brinda la serenidad que necesitamos. Nos hace rescatar la alegría que se oculta detrás de todas las preocupaciones. Nos cobija entre sus alas para que recuperemos la alegría perdida.

Pidamos a los ángeles que nos despierten cada día con una sonrisa. Nos servirá para recuperar la alegría.

• La Amistad

La amistad es uno de los vínculos más hermosos que existen. Significa amar sin interés al otro que elegimos y que nos eligió, confiar en sus consejos y en su cariño. Ser amigo significa respetar al otro en sus diferencias y seguir compartiendo el camino por decisión propia.

Ser amigo de alguien no significa sólo compartir los momentos alegres sino estar a su lado en momentos de necesidad o de angustia. Demostrarle que puede confiar en nosotros y acompañarlo con palabras, en silencio o caminando a su lado para que se sostenga.

Los ángeles nos brindan su amistad. Son ellos los que nos apoyan y nos ayudan a sostener a nuestros amigos cuando lo necesitan.

• La Amplitud

Los ángeles nos piden que seamos más amplios en nuestros criterios y que dejemos entrar el amor y la comprensión hacia el otro en nuestro corazón. Cuanto más grande sea nuestro amor, más amplitud tendremos. Nuestros límites se perderán y el amor se esparcirá por el universo.

Miremos al mundo con ojos angelicales, comprendamos al otro con nuestro corazón pleno de amor. No juzguemos ni tomemos posiciones extremas. Tratemos siempre de entender el punto de vista del otro. Veremos que las dos posiciones tienen sus razones. En ese momento, descubriremos que tanto nuestro semejante como nosotros podemos unirnos con distintos pensamiento para conformar una opinión diferente.

Tener amplitud de criterios no es tarea fácil pero no es imposible. Con la ayuda de los ángeles lograremos nuestro deseo.

• La Animosidad

Cuando discutimos, argumentamos y enfrentamos cualquier opinión. Debajo de esa animosidad se oculta la frustración que puede tener diversos orígenes. Tengamos en cuenta que es mejor enfrentarse a ella que poner en peligro una amistad.

Sería provechoso para nuestro conocimiento que busquemos las causas ocultas. No tardaremos mucho en encontrarlas. Cuando descubrimos el origen, nos daremos cuenta que el problema no es grande y podremos resolverlo.

Si discutimos por todo hay que buscar la causa. La necesidad de discutir enmascara algo peor. Identifiquemos la causa de nuestra frustración y dejemos de discutir con la vida.

Recurramos a los ángeles. Ellos nos ayudarán a encontrar el origen de nuestra animosidad, a apaciguarnos y a encauzarla.

• La Astucia

Los humanos deberíamos aprender la forma de preservación de los animales. Ellos tienen categorías y leyes establecidas que ayudan a resguardar las diferentes especies. Entre los seres humanos, somos testigos de discusiones y agresiones por trivialidades que se acumulan en nuestro interior, crean frustración y dolor. Cuando nos enojamos de manera violenta, perjudicamos al prójimo y aumentamos el maltrato social. El mejor camino es cuidarnos. Preservar nuestra paz es una tarea que no debemos descuidar.

La astucia nos hará distinguir de nuestros semejantes y demostraremos la forma correcta de enfocar nuestra vida pues todos tenemos derecho a ser bien tratados y respetados.

Los ángeles nos ayudarán cuando estemos a punto de estallar o sometamos a la gente a los malos tratos iluminándonos con la astucia.

• La Aurora

Escuchemos los gorjeos de las aves. Son notas celestiales en la mañana del día que se inicia. Nos llenan de felicidad y de esperanza y estallan en nuestro corazón como luces gloriosas que se dispensan por un espacio infinito. Observemos los primeros rayos del sol que se proyectan de forma recta sobre el horizonte, esas luces difusas con tonalidades fuertes que brillan aún más con el contraste de la oscuridad del cielo. Ante este espectáculo hermoso recibimos las primeras luces del día con propósitos positivos, la felicidad en las pequeñas cosas, el acercamiento a quien nos necesita, la cordialidad, el desapego por las cosas materiales.

Amemos noblemente, sin reparos. Comencemos nuestro día con una meditación. Demos gracias a los ángeles por todo lo que nos ha sido dado, por todo lo que vendrá.

• La Autoestima

Sentimos que todo nos sale mal, que no somos capaces, que todo nos cuesta mucho más que a los demás. Esta sensación nos produce angustia y nos acobarda para iniciar nuevas relaciones o encarar nuevas actividades.

Cerremos los ojos y aspiremos profundamente. Invoquemos a los ángeles. Ellos vendrán para elevarnos a un mundo pleno de amor. Dejemos que la luz que emiten penetre en nuestro cuerpo. Nos darán seguridad y fuerza de voluntad. Nos apoyarán en todo lo que proyectemos, nos brindarán convicción y coherencia.

Ellos nos aman profundamente y se sienten felices cuando realizamos esfuerzos por superarnos. Confiemos en la ayuda angelical. Aprenderemos así a confiar en nosotros mismos y a encarar el día gozosos y seguros de nuestro triunfo.

• La Aventura

Al pensar en la palabra aventura, inmediatamente nos imaginamos en una selva, en tierras lejanas o en una travesía marítima. Pocas veces pensamos que el hecho de estar vivos, de hacer frente a los problemas diarios y a tratar de superarnos, también es una aventura.

Si pensamos que nuestra vida es una aventura sentiremos el desafío de vivirla y de encontrar en cada cosa que realizamos algo diferente e interesante.

La mejor forma de prepararse es adoptar una actitud positiva frente a cada escollo que encontramos en el camino. Encontraremos que todo es más divertido y estaremos expectantes con cada hecho que nos suceda. Pidamos a los ángeles que nos apoyen con esta nueva imagen que queremos darle a nuestra existencia. Nos otorgará mayor crecimiento y ellos nos acompañarán en nuestro camino.

• La Ayuda

En la infancia nos enseñaron a no pedir ayuda si no la necesitábamos, y antes de pedirla debíamos agotar nuestros esfuerzos por lograr lo deseado. Este concepto está muy marcado en muchas personas que son incapaces de pedir ayuda pero también de recibirla. Muchas veces nos damos cuenta que solos no podemos alcanzar lo que nos proponemos y no pedimos ayuda porque no sabemos hacerlo o porque creemos que lo lograremos.

Los ángeles nos harán entender que pedir o recibir ayuda no revela flaqueza o debilidad. Significa que conocemos hasta donde podemos llegar y que para continuar necesitamos apoyo. Esto es muy importante. Ellos nos enseñarán que somos capaces de pedir y recibir ayuda. Nos servirá para fortalecernos aún más y ser mejores.

• La Belleza

Acerquemos nuestra mente a los ángeles. Recibamos su influencia divina. Respiremos su aroma repleto de amor y bondad. Ellos nos sonríen y nos otorgan cada día un mensaje de paz. Nos enseñan descubrir la belleza que hay en cada cosa que nos rodea. Sólo debemos prestar atención para descubrirla y valorarla.Los ángeles nos dan sus dones constantemente. Por eso son bellos, porque dan sin medida y sin dudar. Ayudan a quien lo necesita y nos acompañan en todo momento.

Nos abrigan con sus alas y nos dicen palabras dulces de aliento. Depositan buenos pensamientos en nuestra mente y buenas acciones en nuestro corazón. Nos regalan la belleza del amor y de la paz.

• La Bondad

En estos días que vivimos, ser bueno es sinónimo de ser tonto. Este concepto está muy alejado de la verdad. Ser bondadoso es una virtud muy valiosa para quien tiene el don de disfrutarla, es pensar en el otro como un igual y respetarlo como ser humano. Ser bondadoso es acompañar al prójimo en todo momento.La bondad es luz y se graba en el alma con actos de amor. Detengamos un minuto la tarea diaria y hagamos un análisis de conciencia. Descubriremos que podemos ser más buenos y mejores personas, que ejercitando la bondad sentiremos más plenitud y alegría en nuestra alma. Los ángeles, con su eterna bondad, saben que todos los días haremos un esfuerzo mayor y que agradecemos su compañía en este sendero.

• La Calma

Sólo con un corazón puro, una mente reposada y un espíritu templado lograremos tener calma frente a los problemas que surgen a diario. Debemos ejercitarla cada día de nuestra vida, en cada acto que realicemos. Hay que desechar las malas influencias y el mal talante del prójimo que provocan actos de los cuales luego nos arrepentimos.

Pidamos a los ángeles que nos otorguen la gracia divina de la calma, que cada vez que recibamos una palabra o una actitud hostil seamos capaces de mantener la armonía y la paciencia necesarias para contrarrestarlas, y para hacer caso omiso a las agresiones.

Si con la ayuda angelical logramos encaminarnos, nuestra vida será luminosa y brindaremos tranquilidad y serenidad a todos los que nos rodean.

• La Caridad

Colaboremos con nuestros semejantes y llevemos mensajes de amor y caridad. Trabajemos para convertir este mundo en un paraíso y ofrezcamos algo nuestro a los otros.

Seamos benevolentes y ayudemos a que la vida ajena se colme de amor. No demos vuelta la cara, ni cerremos los ojos frente a los seres que necesitan de nuestra mano amiga o de nuestra palabra de aliento. Abramos nuestro corazón a los ángeles para que nos guíen en esta ruta de amor, bondad y buena voluntad.

Saciemos nuestra vida con actos de caridad. Ayudemos a los ángeles a repartir caridad en el mundo. Ellos nos otorgarán paz interior y satisfacción personal por ayudar al prójimo.

• La Cautela

Los ángeles nos traen encargos celestiales, especiales para nosotros. Son regalos plenos de luz, de paz, de moderación para que consigamos la anhelada felicidad.

Ellos nos obsequian estos dones para que produzcan un cambio en nuestro ser. Sentiremos que una nueva esencia entra en nuestras vidas, que no hay precipitación, que no tenemos apuro, todo está calmo, nos invade la mesura. Hay orden en nuestra mente y paz en nuestras emociones. Somos moderados en nuestra forma de actuar y cuidadosos al hablar. Nos han colmado de cautela.

Seamos siempre prudentes, cautelosos. Nunca digamos o hagamos algo que pueda ofender a nuestro semejantes, no lastimemos injustamente por falta de moderación.

Los ángeles nos ofrecen sus arrullos y su cobijo. Recibamos sus suaves caricias y sus regalos dando las gracias con una sonrisa y con amor.

• La Celebración

De la misma manera que nos alegra celebrar nuestro cumpleaños o el de nuestros seres queridos, debemos dedicarle todo nuestro amor y atención a la celebración de la vida.

Celebrar la vida significa dar gracias por tenerla y alabarla. No importan los crudos momentos, no importan los dolores. La vida es una y hay que agradecer la suerte de estar vivos y cuidarla.

Tenemos el don de vivir. Seamos felices pese a todo y siempre encontraremos un motivo que lo justifique: el canto de un pájaro, una tarde de lluvia, el sonido del mar. Todas las penas pasan. Cuando esto ocurre, nos damos cuenta que estamos vivos y nos sentimos felices por eso.

Llamemos a los ángeles. Ellos se alegrarán con nuestra celebración y nos acompañarán en esta fiesta.

• La Censura

El censor es una persona que prohibe, reprime y suprime la información a su gusto y no permite que los demás decidan sobre ella, si les interesa o no.

Muchas veces somos censores de nosotros mismos. Reprimimos tanto nuestras ideas como nuestros sentimientos. No demostramos nuestra sensibilidad ante nadie.

Pidamos a los ángeles que vengan en nuestra ayuda. Cada vez que sintamos que nuestro censor interno comienza a cercenar nuestra libertad de expresión solicitemos su presencia angelical para que con su luz y su amor nos guíen.

Ellos nos enseñarán a ejercitar nuestro derecho a demostrarnos tal cual somos, a que no nos reprimamos ni censuremos. Los ángeles quieren que seamos libres y que expresemos nuestras ideas y sentimientos con total libertad.

• La Comprensión

Los ángeles llegan a nosotros trayendo su luz angelical y su amor divino. Nos ofrecen su regazo para que nos cobijemos y descubramos la armonía y la ternura que tienen para darnos. Junto a ellos veremos que todo aquello que nos parecía raro, absurdo comienza a cobrar sentido. Nuestro corazón comprenderá muchas cosas que creíamos sin sentido.

A la comprensión debemos sumarle la paciencia, la justicia, el buen humor y la ternura. Todas estas virtudes nos permitirán profundizar en nuestros actos y los ajenos, y mirarlos de otra manera.

Los ángeles nos brindan su compañía y su sabiduría para que encontremos comprensión en nuestra vida y la apliquemos con los demás.

• La Comunicación

Las palabras, los pensamientos y los sentimientos se utilizan en la comunicación. Cada uno es especial y todos nos elevan sobre la creación.

Se cree que la palabra es el único medio de comunicación pero sin el pensamiento, la palabra no tendría sentido. En cambio, el pensamiento es la clave fundamental para el desarrollo humanístico porque permite expresar diferentes sentimientos con distintas palabras.

El sentimiento es la forma más elevada de comunicación. Cuando encontramos con quien compartir afectos de forma sincera alcanzamos la plenitud espiritual entregando palabras de afecto y pensamientos elevados.

Invoquemos a los ángeles para lograr la comunicación plena, utilizando la palabra, los pensamientos y los sentimientos.

• La Conciencia

La conciencia es la vocecita de nuestra alma, la que nos habla permanentemente. Por ella sabemos si nos equivocamos, si obramos mal, si fuimos bondadosos, ya que nunca falla.

La conciencia es la voz que cada día los ángeles nos envían para que nos acompañe. Siempre debemos tener en cuenta esa voz porque nos ayuda a caminar por el sendero correcto o a desandarlo si nos equivocamos.

Los ángeles siempre escuchan nuestra voz interior. Ellos perciben nuestras dudas o certezas y nos cobijan en todo momento. Nos prodigan amor, nos cuidan la conciencia. Siempre es importante escuchar nuestra voz interior, seguir sus consejos. Si somos fieles a los dictados de nuestra conciencia no deberemos preocuparnos porque siempre estaremos en el camino correcto.

• La Conciliación

Seamos portadores de amor fraternal, de concordia entre los seres humanos, de unión celestial. Nos acercará a los ángeles. Nos ayudará a ser mejores personas y a vivir en paz y armonía.

Los ángeles nos traen bendiciones para que podamos transformarlas en hermandad y en comprensión, para que siempre triunfe la palabra sincera, el perdón y la honestidad. Llenemos nuestra vida con el amor angelical y éste fluirá hacia nuestros semejantes. Seremos felices. La conciliación entre los seres humanos es una meta que debemos anhelar cada día de nuestra existencia. A ella debemos dedicarnos porque aspiramos a vivir en un mundo mejor, más comprensivo y menos soberbio.

Si realizamos nuestro trabajo con convicción y decisión, si nuestro empeño es firme, poco a poco lograremos conseguir metas que nos llevarán a la más elevada, a la conciliación universal.

• La Condescendencia

Los ángeles nos reciben con sus alitas desplegadas, entregándonos su aura resplandeciente. Nos regalan su ternura habitual, nos ofrecen su calor. Ellos nos ayudan a ser mejores personas, a sentir amor por el prójimo, misericordia por los desamparados, dar servicio al necesitado. Nuestros amigos angelicales nos enseñan a ser tiernos, piadosos y condescendientes con quien nos necesita, nos inspiran para que ayudemos a la humanidad.

Invoquemos a los ángeles. Elevemos nuestras almas y abramos nuestros corazones. No desviemos la mirada cuando alguien nos suplica una ayuda, una palabra de aliento. Seamos piadosos con nuestros semejantes. Pidamos a los ángeles que nos guíen por el buen camino de la elevación de nuestro espíritu.

• La Confianza

¿Cuál es el motor que nos permite poner en movimiento nuestras vidas y proyectos? ¿Qué fuerza interior nos empuja para alcanzar las metas fijadas?

Esa fuerza, esa pasión, es la confianza. Ella es la que nos permite e impulsa a vivir. La primera será confiar en nosotros mismos y desarrollar aquello que nos haga ver seguros y positivos. Sólo esta confianza interior nos brindará la posibilidad de que nuestras capacidades irradien hacia los demás.

Este "yo puedo" que decimos internamente nos permitirá depositar confianza en los demás, confiar en nosotros es el primer paso hacia la confianza de los otros. Si nos sentimos incapaces frente a nuestra vida, los ángeles vendrán en nuestra ayuda. Nos enseñarán la senda para sobreponernos y nos harán más fuertes y mejores.

• La Confidencia

Con frecuencia nos sentimos solos. Creemos que nadie está a nuestro alrededor compartiendo nuestra vida. Debemos saber que no es así, que son muchas las personas que nos aman y que están dispuestas a participar en nuestra vida, de nuestras inquietudes, a ser nuestros confidentes y a ayudarnos a comprender los misterios que nuestra alma cuestiona. Siempre tendremos una mano amiga que nos confortará el alma y nos llenará de amor.

Los ángeles también son nuestros confidentes. Ellos conocen nuestras penas y nuestras alegrías. A ellos nos dirigimos cuando necesitamos ayuda y les confiamos nuestros íntimos anhelos. Ellos jamás nos fallarán. Pidamos que nos cobijen con sus alas. Escucharán nuestras súplicas, nuestras penas y también serán partícipes de nuestras alegrías.

• La Confirmación

Con cada acto de bondad, con cada gesto piadoso, cada vez que ofrezcamos la mano al que la necesita, cuando dedicamos nuestro tiempo a escuchar al que está angustiado, estamos confirmando nuestro deseo ineludible de ser mejores personas, amar la vida y prodigar hermandad entre los seres humanos. Pidamos a los ángeles que nos ayuden a dar testimonio cada día.

Necesitamos fuerza espiritual y poder de voluntad, necesitamos fe y bondad. Nuestras banderas serán la verdad y la justicia. Pidamos que el camino celestial esté iluminado por la presencia angelical porque con su ayuda podremos continuar nuestra tarea. Cada jornada es un nuevo desafío. Nuestra decisión es firme. Recordemos que de nuestra confirmación de amor depende el triunfo de la paz en esta tierra.

• La Conformidad

Muchas personas creen que la conformidad es aceptar ciegamente todo lo que nos sucede y no es así. La conformidad significa respetar lo establecido y permitir que se cumpla sin oposiciones tontas o que no justifiquen un cambio en esas reglas. Cuando somos conformistas no significa que no aspiramos a nada sino que no aspiramos más de lo que debemos recibir.

Los ángeles nos traen armonía y comprensión que ayudarán a nuestra alma a entender esta diferencia. Dejemos que ellos nos protejan y nos guíen para que estemos conformes con todas las maravillas que hemos recibido en nuestra vida.

Ellos nos enseñaron a disfrutar, a caminar por la senda de la seguridad y no estar regidos por el azar. Los ángeles nos aman, nos cuidan y nos regalan una caricia cada vez que los invocamos.

• La Consolación

Aún en los momentos en que no tenemos a nadie a nuestro alrededor y estamos angustiados, nunca debemos sentir que estamos solos. Siempre hay un amigo que nos consolará y acompañará en los momentos que lo necesitemos. La consolación es un acto de amor que nuestro prójimo nos prodiga y debemos recibirla con alegría y agradecimiento.

De la misma manera, ofrezcamos consuelo a quienes lo necesitan. Así sentirán que están acompañados, que nos importan como seres humanos y que los valoramos. El consuelo nos brindará la oportunidad de entregar nuestro amor, nuestra solidaridad.

Cuando nos sintamos solos, cuando pensemos que no le importamos a nadie, allí estarán los ángeles para consolarnos y hacernos compañía. Nos cobijarán con sus alas y nos prodigarán su amor.

• La Contemplación

Muchas veces creemos que vemos todo lo que nos rodea cuando en realidad no vemos nada. Damos por sentado todo lo que nos rodea pero debemos tomar conciencia del mundo maravilloso que podemos contemplar con ojos nuevos y descubriremos sorpresas que alegrarán nuestra alma.

También debemos distinguir acerca de la diferencia entre ver y mirar. Ver separa y parcializa. En cambio, mirar devuelve los obstáculos y nos permite ampliar nuestro campo de conocimiento.

Los ángeles nos alientan a que aprendamos a mirar con nuestros ojos pero también a utilizar los ojos del espíritu con los que seremos capaces de vivir otro mundo, otras vidas. Así encontraremos la verdadera contemplación que nos servirá para elevarnos en el camino de la sabiduría.

• La Cooperación

Ayudar a los demás en diversas tareas es cooperar con nuestro prójimo. También podemos cooperar con el otro utilizando palabras, intenciones y, sobre todo, actitudes.

Estar bendecidos con este don es un beneficio que debemos agradecer porque estamos cumpliendo con el deseo de los ángeles. Es importante que valoremos esta tarea en la que es importante y fundamental sentir amor.

Los ángeles nos traen palabras de aliento, sentimientos puros, pensamientos plenos de luz para que llevemos los por el mundo y colaboremos con su tarea angelical.

Disfrutemos con esta tarea, cooperemos con la humanidad y sentiremos que nuestra vida es útil. Nuestras almas se sentirán colmadas del amor que los ángeles depositarán.

• La Cordialidad

Lamentablemente, en esta época en la que vivimos parece que nos estamos acostumbrando a que nos traten mal o con descortesía. Nos sorprendemos cuando alguien es cordial o afable. Se está perdiendo esta hermosa cualidad que abre puertas donde quiera que aparezca.

Si tomáramos conciencia que ser amables y atentos predispone a la gente a las buenas acciones, si todos pusiéramos nuestra cuota diaria de cordialidad, encontraríamos un mundo más sabio y armonioso.

Cada mañana al despertar pidamos a los ángeles que nos protejan de los malos tratos y nos regalen ternura y suavidad para enfrentar el día y para brindar a los demás. Ellos vendrán rápidamente a guiarnos para que no perdamos la paciencia y sigamos fieles a nuestro pedido.

• La Corrupción

Cuando hablamos de corrupción pensamos en la falta de honradez, debilidad moral y aceptación de sobornos. Es tan corrupto el que acepta un soborno como el que lo ofrece y ambos saben que están cometiendo un acto incorrecto. Por eso, estos actos se realizan en silencio y sin que nadie se entere. Siempre oímos hablar de corrupción en la vida pública, en todo aquello que está cerca del poder pero nosotros también cometemos actos de corrupción en beneficio propio cuando nos alejamos de nuestros principios, cuando aceptamos cosas que no nos parecen correctas. Al señalar la otra corrupción, la perteneciente a las altas esferas, pensemos que si bien es un nivel diferente no deja de ser lo mismo.

Examinemos nuestro comportamiento y pidamos a los ángeles que nos brinde la fuerza necesaria para no corrompernos ni permitir que lo hagan. Así podremos seguir adelante con nuestra conciencia limpia y continuar nuestro camino con la cabeza en alto.

• La Cortesía

Debemos saber que la cortesía es una virtud que abre todas las puertas. Ser bien educado ayuda a que los otros siempre estén bien dispuestos hacia nosotros y con una sonrisa en la boca.

Cuando somos corteses, agradamos al otro y tratamos de que se sienta bien como persona. Muchas veces creemos que ser cortés no sirve y esta creencia nos lleva a actuar de una forma que no nos gusta ni a nosotros ni a los demás. Hay que tener presente que siempre debemos tratar al otro de la misma manera que queremos que nos traten: con educación, sin faltar el respeto, con cortesía y amabilidad. Pidamos a los ángeles que nos ayuden y nos recuerden siempre que la cortesía es importante para ser mejores personas.

• La Creatividad

Las ocupaciones y los problemas influyen para que tracemos una ruta diaria para llevar a cabo todas nuestras tareas. Estamos completamente ceñidos a esta agenda y somos incapaces de salir de ella. Anulamos todo lo que puede escapar a ese orden que establecimos por temor a no poder resolver los imprevistos.

Sería importante que demos rienda suelta a la creatividad que todos llevamos dentro. Descubriremos que las presiones que vivimos se pueden relajar y que solucionaremos los problemas más rápidamente de lo que pensábamos. En ocasiones, los imprevistos se pueden solucionar si permitimos que nuestra creatividad surja de manera espontánea.

Dejemos surgir los talentos y los dones que ocultamos. Esto nos permitirá crear una vida nueva, más interesante y valedera. Si nos dejamos guiar, los ángeles nos auxiliarán a reconocer nuestra creatividad.

• La Destreza

Todos tenemos aptitudes y debemos utilizarlas porque para eso nos fueron entregadas en el momento de nuestro nacimiento. Cada destreza o habilidad que poseemos nos ayuda a realizar determinadas tareas para las que estamos capacitados.

Invoquemos a los ángeles para que nos ayuden a descubrirlas. Este es el inicio del camino que nos lleva al triunfo seguro. Pidamos el apoyo de los ángeles. Ellos nos harán ver cuál es nuestra habilidad y nos prepararán para cumplir nuestra meta.Aprovechemos el don de la destreza que cada uno tiene. Nuestro deber será aplicarlo para causas nobles y justas, que engrandezcan nuestra alma, porque para eso nos fue dado. Esta sensación nos brindará bienestar y nos ayudará a proteger nuestros sueños.

• La Determinación

Todos recibimos influencias de la gente y de la sociedad. Hay diferentes tipos de influencias y debemos estar atentos a ellas. En algunos casos son positivas y beneficiosas para nuestra persona. Debemos capitalizarlas porque servirán como experiencias.

En otros casos, las influencias perjudican nuestro trabajo o nuestra persona. Es ahí, entonces, cuando debemos tomar la determinación de no dejarnos influenciar.

Siempre es importante estar atento a todo lo que nos sucede. En algunos casos, las influencias son tan sutiles que no podemos percibirlas. Para esto, hay que hacer un examen de conciencia para saber cuales son las influencias que nos benefician y cuales debemos desechar.

Si sentimos que no podemos solos con la tarea, invoquemos a los ángeles quienes nos ayudarán a tomar la determinación que beneficie nuestra vida y nuestra alma.

• La Devoción

Nuestra mente está colmada por emanaciones resplandecientes que los ángeles nos traen de regalo. Nos inundan los sentimientos de fervor, de paz, de entrega divina. Ellos llegan a nosotros otorgando luz celestial a nuestro corazón y nos elevamos a un estado de conciencia indescriptible. Realizamos una experiencia mística. Sentimos devoción y entrega espiritual por nuestros semejantes. Este fervor nos eleva y nos acerca al Ser Supremo. Dedicamos nuestro tiempo, nuestra mente, nuestra vida y nuestra alma a ese éxtasis. Amamos profundamente al universo y entregamos nuestro ser para su bienestar.

Veneramos la tarea divina que nos permite ser parte de la humanidad y trabajar por ella. Absorbamos la esencia del cielo, aspiremos profundamente. Cerremos los ojos y percibamos el dulce vaivén de los latidos de nuestro corazón. Observemos con los ojos del alma y veremos a los ángeles colmando nuestra vida de amor.

• La Diversión

Cuando nos divertimos, debemos ser conscientes y estar alertas acerca de las ironías que nos ofrece la vida. El buen humor nos ayudará a no tomar las cosas demasiado en serio y disfrutar mucho más de los momentos o situaciones que nos suceden.

Divertirse con el mundo y con uno mismo ayuda a tomarnos las cosas con tranquilidad y conocernos interiormente. Tener una mirada divertida de las cosas nos permite ser felices. La preocupación y la ansiedad no son buenos amigos de la diversión. Debemos ser capaces de encontrar diversión y sentido del humor pues siempre están al alcance de nuestras manos.

Pidamos a los ángeles que nos ayuden a encontrar el lado divertido de todo lo que nos ocurra y capitalizarlo. Todo lo que sucede en nuestra vida nos ofrece una veta irónica. El desafío es descubrirla y divertirse.

• La Duda

La duda tiene mala prensa pero debemos considerarla como una herramienta necesaria para la experiencia. Si dudamos de algo significa que no caeremos en la credulidad y podremos decidir basándonos en nuestro análisis de la realidad.

Si bien una cuota de duda es un buen síntoma, dudar de todo y de todos nos limita y nos impide probar nuevas experiencias.

Como ninguno de los dos extremos son provechosos para nuestra vida, los ángeles nos ayudarán a que las dudas no nos anulen o que las dejemos de lado totalmente. Nos piden que seamos objetivos ante una duda y que si no resulta razonable, la desechemos.

Escuchemos a los ángeles en nuestro interior. Ellos nos mostrarán el camino correcto.

• La Dulzura

Mucha es la alegría que sentimos cuando alguien nos regala una sonrisa, unas cálidas palabras de aliento o una caricia. En esos momentos, los sentimientos que surgen de nuestro corazón son la dulzura y el agradecimiento. También sucede lo mismo cuando son los demás los que reciben dulzura de nuestra parte.

Si cada uno de los seres humanos que habitamos este mundo entregáramos dulzura, podríamos transformar las conciencias hacia el bien, se acabarían las agresiones y las discusiones. No hay nada mejor que brindar una sonrisa al comenzar el día para cambiar el ánimo de las personas.

Los ángeles siempre vienen a nosotros y nos regalan una sonrisa. Con sus alas nos acarician y nos cuidan. Ellos saben que es el mejor camino para aunar las almas de este mundo.

• La Elevación

Las agresiones son frecuentes e innecesarias. Cuando las recibimos, reaccionamos con ira, resignación o furia. Aunque somos conscientes de que hay personas que existen únicamente para lastimar no podemos tomar distancia e ignorar sus reacciones. Estas personas viven amargadas y de mal humor, responden mal, pelean en la calle. Todos conocemos a alguien así y padecimos su agresión.

Si nuestra respuesta es violenta, entramos en su juego y nos veremos envueltos en actitudes de las que siempre deseamos escapar. Debemos tomar distancia, tratar de no reaccionar agresivamente y comprender que no hay razón alguna para actuar de la misma manera.

Invoquemos a los ángeles para que nos ayuden a meditar frente a estas reacciones, a elevarnos espiritualmente y a canalizar los enojos.

• La Energía

La energía es indispensable para encarar cada día de nuestra vida. Sin ella no podríamos llevar a cabo ninguna actividad. Son muchas las razones que tenemos para que nuestra energía sea plena: el amor, el trabajo, la salud. Todo esto nos mantiene fuertes y con ganas de luchar.

Además de la actitud física, la energía se nota en el brillo que despiden nuestros ojos, en nuestras sonrisas, y en las ganas con las que encaramos cada nuevo proyecto. En los momentos de dolor o angustia, nuestras energías merman y su ausencia se refleja en las miradas opacas, en las caras agotadas y en el desgano.

Cerremos los ojos, llamemos a los ángeles. Ellos vendrán en nuestra ayuda para restaurar nuestra energía perdida, para que volvamos a sentir las fuerzas que necesitamos para las actividades de todos los días.

• La Entrega

Con intenso amor y gran ternura los ángeles se acercan a nosotros para acompañarnos. Con sus ojos divinos nos contemplan. Ellos nos traen un regalo muy especial, nos inspiran el deseo de entregar lo mejor de nosotros al mundo.

Cerremos los ojos. Recibamos este regalo con alegría y profunda entrega y compartamos con los demás con alegría y felicidad. Aceptemos este deseo con la inmensa gratitud de haber sido elegidos para esta tarea que los ángeles consideran importante para la humanidad.

Gozamos de salud, de paz y de felicidad. Entreguemos con amor estas bendiciones y llevemos dicha a nuestro entorno y a quienes lo necesiten.

Recurramos a los ángeles, ellos nos aman y quieren participar en esta entrega de amor que nos empeñamos en realizar.

• La Esperanza

Los problemas del mundo actual son terribles y matan nuestras ilusiones. Si bien los seres humanos siempre se sobrepusieron a todos los problemas, la actualidad que nos toca vivir hace que estemos desesperanzados y no veamos una salida alentadora.

Por un momento tomemos distancia de todo y meditemos. De esa manera descubriremos que siempre hay una luz de esperanza, no importa cuál sea el problema. Los ángeles saben de nuestras luchas y nos ayudarán a estar fuertes en medio de las tormentas. Ellos nos ayudarán a hallar la esperanza, a no ser pesimistas. Nos fortalecerán para que podamos hacer frente a los problemas diarios. Nos harán encontrar dentro de nuestra alma la luz interior que todos conservamos desde el momento de nuestra concepción.

• La Estabilidad

En estos momentos en que la vida actual nos envuelve con su locura e intranquilidad debemos lograr que nuestro espíritu se mantenga estable. Tengamos presente que es necesario reflexionar para lograr esa estabilidad necesaria que nos permita vivir en armonía con nuestro mundo.

Si nos sentimos firmes en nuestras convicciones, si logramos equilibrio, demos las gracias a los ángeles por nuestra fuerza de espíritu. Si, por el contrario, las situaciones nos superan y nuestra estabilidad tambalea, debemos pedirles que nos ayuden a serenarnos, tomar distancia de todo lo que nos afecta, analizar cada problema para luego capitalizar los aspectos positivos y desechar los negativos. Ellos vendrán rápidamente a socorrernos y a ofrecernos sus susurros divinos que nos darán armonía y paz en nuestro corazón.

• La Eternidad

La eternidad es sinónimo de amor eterno. En nuestro camino diario de superación espiritual nos preparamos para recibir la eternidad y, con ella, la vida plena. Dejemos que los ángeles nos lleven.

Ellos nos guiarán por esta senda. Nos lo harán más fácil para que lleguemos dichosos. Debemos saber que el amor redime y otorga la inmortalidad, es nuestra senda hacia ella.

Cada vez que meditemos, cada vez que oremos, pidamos a los ángeles que no nos abandonen, que nos indiquen los pasos necesarios y justos para llegar a buen fin porque la meta que nos impusimos es el camino celestial.

Busquemos siempre esta senda divina, optemos por la superación humana, construyamos un futuro repleto de amor y preservemos la fe que nos ayudará a gozar.

• La Evolución

Los ángeles velan por la conciencia de los seres humanos. Ellos nos guían para que nuestra evolución continúe por el camino de la superación espiritual. Así conseguiremos continuar en la senda divina que es nuestra meta esencial.

Cerremos los ojos, percibamos la presencia angelical. Notaremos que están atentos a nuestras necesidades y al desarrollo de nuestra alma.

Tomemos conciencia de que ellos nos cuidan para que cada día sea mejor. Por nuestra parte, meditemos a conciencia acerca de nuestros adelantos espirituales y nuestras capacidades para seguir avanzando.

Nuestro espíritu es una llama que los ángeles alimentan para que ilumine siempre más fuerte. Los ángeles cuidan de nuestra evolución, protegen los logros obtenidos de manera celosa y los preservan de posibles retrocesos.

Somos importantes para ellos, por eso nos iluminan y nos acompañan.

• La Explicación

Cada día los ángeles nos demuestran cómo nos ayudan. Ellos nos preparan el camino, liman las asperezas que encontramos. Ellos nos sugieren qué debemos hacer, cómo actuar. Nos guían por la senda que nos lleva al triunfo seguro.

Sin embargo, en algunos momentos no entendemos el camino elegido y pedimos una explicación. Si bien es correcto pedir explicaciones con respecto a todo aquello que no tenemos en claro, debemos saber que los ángeles siempre nos conducirán correctamente para obtener logros favorables para nuestra vida.

Ellos nos inspiran para que cumplamos la meta deseada y nos protegerán de los problemas que puedan surgir. Los ángeles saben que algunas indicaciones suelen ser complicadas para nosotros pero ellos, con su inmensa bondad, nos brindan su amor y su compañía.

• La Familia

La familia es nuestro baluarte, es el círculo en el que nos sentimos seguros y relajados. Luchamos por defenderla y cuidamos su armonía. Los lazos familiares son importantes para nosotros porque surgen del amor y la comprensión y tratamos por todos los medios que en ella reine la paz y la tranquilidad.

Los ángeles nos traen su resplandor para iluminar nuestro hogar. También nos dan su bondad y su amor. Ellos nos ayudan a cuidar de nuestra familia y a preservar esa unión. Ellos protegen nuestros corazones derramando sus bendiciones. Nos regalan el respeto y la responsabilidad fraternal. Cuidan esta unión amorosa de los malos pensamientos, las discusiones y el desamor.

Pidamos a los ángeles que estén presentes en nuestro hogar y que nos bendigan con su luz.

• La Fe

La fe es un don divino que los ángeles protegen y cultivan. Es elemental para permanecer en el camino de la superación y la valoración celestial. Cuando nuestra fe es firme, nos sentimos respaldados y fuertes para seguir la lucha diaria y enfrentar los problemas.

La fe nos regala destellos de virtud, lluvia de bendiciones. Los ángeles nos traen esa luz santificadora que nos hace invocar el camino divino.Con fe podemos lograr todo lo que nos proponemos porque es tal la fuerza que nos da que los ángeles sólo necesitarán estar a nuestro lado para acompañarnos y seguirnos en nuestro camino.

Somos elegidos por la fe que tenemos. Ofrezcamos nuestra fe a los otros para que el mundo sea mejor y demos testimonio de ello.

• La Felicidad

Cuando nos preguntan si somos felices siempre dudamos y sentimos que nos falta mucho para conseguir la felicidad plena que buscamos. Esta respuesta nos produce insatisfacción y no somos capaces de ver todo lo que tenemos.

Debemos tener conciencia de que a nuestro alrededor encontraremos la felicidad en las cosas simples que nos ofrece la vida. Los días plenos de sol, un desayuno elaborado por el ser querido, la risa de un niño cuando está jugando, o la mirada sabia de un anciano.

La felicidad está compuesta por cosas pequeñas que debemos aprender a descubrir y a disfrutar. Si basamos nuestra vida en la espera de hechos importantes y trascendentes para ser felices, estamos errando el camino pues difícilmente lo conseguiremos.

Pidamos a los ángeles que nos señalen aquellas cosas que nos provocarán alegría y encontrar en ellas la felicidad.

• La Fidelidad

Cuando creamos que el apoyo de los seres queridos nos abandonó, cuando no tengamos respuesta a nuestros anhelos, cuando nos falta constancia en las muestras de cariño, los amigos nos hicieron a un lado, recurramos a los ángeles para pedirles que nos cobijen entre sus alas cariñosas.

Ellos nos darán su amor y le brindarán seguridad a nuestro corazón. Borrarán nuestras angustias y nos devolverán la paz, la calma y la confianza en todo lo que hacemos y somos. Ellos nos inspirarán la fidelidad y nos enseñarán a superar los momentos de duda y de flaqueza. Cuidarán la nobleza de nuestro corazón y la misericordia de nuestra alma para que sigamos fieles a nuestra tarea.

Recordemos que los ángeles nos aman. Nunca nos fallan y jamás serán infieles a nuestro amor.

• La Fortaleza

En los momentos de dolor, duda o descreimiento, nuestra fortaleza flaquea y sentimos que nuestra vida no tiene rumbo.

Es imprescindible recurrir a los ángeles. Ellos nos colmarán de amor y plenitud, dejarán que nos recostemos sobre sus alas para que nuestra fortaleza surja nuevamente. Nos harán ver todos nuestros problemas desde otra perspectiva. De esa manera encontraremos diferentes soluciones y respuestas.

Cerremos los ojos y suspiremos hondo. Sentiremos su luz espiritual y su fortaleza angelical que nos dará energía.

Respiremos su esencia y resplandor de paz. Dejémonos llevar por el camino que nos muestran. Ellos desean que nuestra fortaleza no nos abandone y nos permita seguir luchando.

• La Fortuna

Algunas personas dirán que fortuna significa poseer una gran suma de dinero, casas lujosas, autos o botes valiosos, viajar a países exóticos. En cambio, los ángeles nos demuestran que la fortuna significa poseer dones, virtudes y ganas de vivir.

Los ángeles nos dicen que nuestra vida está plena de riqueza, abundancia y prosperidad. Nuestra tarea es descubrir todo esto en nuestro interior y aplicarlo para nuestro beneficio y de todos los que nos rodean.

Cerremos los ojos. Bajo las alas protectoras de nuestros amigos, meditemos. Aunque nos parezca difícil, pronto descubriremos cada una de estas virtudes. En ese momento, seremos dueños de una gran fortuna.

Deberemos, entonces, demostrarnos plenos de amor y de alegría interna. Los ángeles se sentirán complacidos por nuestro descubrimiento.

• La Fuerza

Una pérdida afectiva, el maltrato o la frustración provocan dolor y dejan heridas que requieren atención, cuidados. Se necesita tiempo y trabajo para recobrar las fuerzas perdidas.

La superación de ese dolor surge de nuestra fuerza interior que nos permite crecer y superar escollos, se nutre con nuestros buenos pensamientos y las buenas actitudes. Esa fuerza interior se alcanza cuando tenemos confianza en nosotros mismos y nos amamos y aceptamos hasta con nuestros defectos y errores.

Estamos compuestos de alma, mente y cuerpo. A partir de este concepto, podemos perfeccionarnos y avanzar en el crecimiento de nuestra superación.

Los ángeles cuidarán de las heridas del alma. También nos ayudarán a superar los problemas, aliviar sufrimientos y recuperar la fuerza interior.

• La Generosidad

Muchas veces nos encontramos con personas que poseen muchos bienes materiales pero son incapaces de compartir nada de lo que tienen, escatiman todo lo posible en provecho propio. Otras, en cambio, tienen lo justo pero reparten sus posesiones y no les importa si en la distribución pierden algo. El ser humano generoso comparte todo lo que tiene y esto lo hace crecer como persona. Tenemos muchas cosas para compartir en la vida y debemos ofrecerlas con amor, sin medir con cuanto nos quedamos. Es posible que en el reparto no obtengamos demasiado, pero cuando hagamos un recuento en nuestra alma, ésta estará colmada de dicha y eso es lo más importante.

Muy esencial es llevar dicha a nuestro entorno y a quien lo necesite. Es agradable ver una mano generosa que nos ayuda. Es necesario que recurramos a los ángeles para que nos acompañen en el camino de la generosidad.

• La Gentileza

Si tomáramos conciencia de las ventajas de ser gentiles, si nos diéramos cuenta de todo lo que trae aparejado, la ejercitaríamos sin dudarlo. Ofrecer el asiento a un anciano, ceder el paso a una señora o a una embarazada en una fila, responder cortésmente a una pregunta son actos que alegran a quien lo recibe y nos reconfortan como seres humanos.

La gentileza abre puertas y ayuda a recorrer el camino con facilidad. Las personas que son receptoras de estas actitudes se sienten reconocidas y consideradas. A partir de ese momento, su mirada hacia nosotros cambiará y lograremos una buena comunicación.

Pidamos a los ángeles que nos inspiren a ser gentiles en nuestros actos, que nuestros modales ofrezcan armonía y paz al prójimo, que nuestra forma de ser provoque sentimientos puros en los demás.

• La Gracia

Los ángeles llegan del cielo para traernos un tesoro angelical. Derraman sobre nuestro mundo la gracia divina y nos colman de resplandor. Cerremos los ojos. Aspiremos profundamente. Sentiremos como nuestras manos se unen a las suyas y caminaremos por la senda de luz que ellos iluminan con su corazón puro. Nos incitan a que ofrezcamos esa gracia a quien la precisa, a que seamos el vehículo que el mundo necesita para ser mejor.

Ayudar a los demás desinteresadamente, ser humildes, ser respetuosos del ser humano nos traerá armonía, más de la que podemos imaginar. Las gracias divinas que merecimos con amor seguirán generándose en cada acto que realicemos y dejaremos un camino plagado de bendiciones.

Sigamos entregando nuestros bienes espirituales para lograr un mundo pleno de gracia celestial.

• La Grandeza

Los ángeles iluminan con su belleza a toda la creación. Derraman sobre nuestras vidas su luz, su amor y su esencia divina. En su grandeza, ellos se acercan a nosotros para brindarnos lo mejor que tienen. Nos estrechan y nos protegen con sus alas. Ellos nos ayudarán a imaginar un mundo sin dolor ni desigualdades. También nos apoyarán para que demos los primeros pasos en la ardua labor de conseguir un mundo lleno de grandeza espiritual.

La tarea no es fácil, es difícil y con un largo camino por delante. Pero los ángeles nos acompañarán. Tomarán nuestra mano, nos alentarán, nos sostendrán en los momentos más difíciles. Pidamos a los ángeles que no nos abandonen y nos protejan.

• La Gratitud

Muchas veces somos testigos de lo poco que se agradecen las buenas acciones o las palabras de aliento o apoyo. No se tiene en cuenta que aquellos que realizan actos nobles por los demás lo hacen sin ningún interés y es importante que reciban una palabra de reconocimiento. La gratitud es una virtud necesaria para mantener en armonía nuestra vida. Ser agradecido a la vida nos permite elevarnos, mantener una sonrisa en los labios y caminar por el sendero de la plenitud.

Decir gracias es un acto de amor, de valoración por el esfuerzo desinteresado del prójimo. Dar las gracias es uno de los primeros pasos para hallar la felicidad en las cosas pequeñas y dar sentido a la vida.

Los ángeles nos brindan esta virtud. Aprovechemos su ayuda pidiendo que nos guíen en el camino de la gratitud que nos hará mejores personas.

• La Hermandad

Todos somos hermanos, todos descendemos del mismo Ser Supremo que nos regala bendiciones para nuestra vida.

Si estamos convencidos de este concepto, si creemos firmemente en nuestra hermandad espiritual, no podemos permitir que exista un motivo que separe a nuestros semejantes.

Debemos luchar cada día de nuestra existencia para que la hermandad entre todos los seres humanos triunfe, que nos una el amor más allá de las diferencias. Nada debe ser más importante que sentirse hermano en el otro. Todas las vidas son igualmente valiosas y debemos cuidar ese vínculo más allá de todo.

Pidamos a los ángeles que nos colmen de amor fraternal, que nos permitan continuar la misión de unir a todos nuestros hermanos de este mundo bajo la bandera del amor y la comprensión.

• La Honestidad

Muchas veces nos vemos tentados de sacar provecho de alguien o de algo para obtener lo que queremos. Sabemos que es la única manera de conseguir lo que deseamos y actuamos siguiendo nuestras pretensiones y abandonamos nuestros principios.

Al recapacitar, nos damos cuenta que procedimos de forma deshonesta y sentimos angustia por nuestra mala acción. No es honesto utilizar a los demás para conseguir algo que deseamos obtener como tampoco el precio de lo obtenido si descartamos la equidad. Así como la honestidad debe regir cada acto de nuestra vida, aún a riesgo de no obtener ningún beneficio, debemos exigirla de los demás para con nosotros.

Los ángeles entregan siempre justicia, recato, decencia y honradez. Estos dones que nos brindan nos ayudan a recorrer el camino para convertirnos en seres humanos plenos.

• La Hospitalidad

La misericordia y la piedad son dones que debemos practicar. Junto con ellos, la hospitalidad nos ofrece la posibilidad de ser mejores personas y dedicarnos a socorrer al prójimo.

Acojamos a aquel que golpea nuestra puerta sin exigirle nada a cambio. Socorramos al más pobre, al más débil, al más necesitado.

Seamos humildes. Cuando seamos solidarios, ejerzamos una hospitalidad sin estridencias, con sencillez, extendiendo nuestra mano bondadosa.

La hospitalidad nos brindará alegría sin fin y nos otorgará la gracia divina. Elevará nuestra alma y nos hará más fácil la senda celestial.

Los ángeles nos alentarán a que siempre seamos hospitalarios y misericordiosos porque de esa manera descubriremos la paz interior.

• La Humildad

En este mundo impersonal y egoísta en el que vivimos la humildad es una virtud no muy bien vista. Cuando nos encontramos frente a una persona humilde pensamos que no valora su trabajo, sus ideas o su persona.

Sin embargo, es una virtud a imitar y un buen camino a seguir para poder vivir en plenitud y ser amados por los que nos rodean y comprenden.

Ser humilde no significa sumisión o falta de carácter. Es tener otra visión de la vida que nos permite aceptar y escuchar al otro sin importar las diferencias y compartir el camino en armonía. Significa que se valora al otro y no se cree que se es más importante.

Los ángeles nos muestran su humildad cada vez que se nos aparecen para que los imitemos y descubramos que el camino de la humildad está repleto de alegría, paz y amor.

• La Imaginación

Cerremos los ojos y dejémonos llevar por nuestra mente hacia lugares ideales. Utilicemos nuestros deseos más íntimos para viajar por lugares soñados. Veremos realizados nuestros anhelos. Nuestras esperanzas y aspiraciones estarán presentes también agregando su cuota de ilusión.

Imaginar no es perder el tiempo, al contrario. La imaginación es un beneficio que nos ofrecen los ángeles para que nuestra vida sea más placentera y podamos escapar de todos los problemas y quehaceres diarios que nos agobian y matan toda ilusión. La imaginación nos brinda la posibilidad de soñar despiertos con nuestros deseos y comenzar a trabajar para que sean posibles.

Los ángeles siempre nos acompañarán y nos ayudarán a convertir en realidad nuestros anhelos. Simplemente nos piden que no desechemos la posibilidad de la imaginación.

• La Impaciencia

La impaciencia aparece cuando frente a un día programado surge un imprevisto que impide que todo resulte como lo hemos planeado. Entonces, perdemos el rumbo y nos frustramos. Sentimos que la tensión nos ahoga y se apodera de nosotros. En realidad, la culpa es nuestra porque sentimos que no podemos dominar la situación y no sabemos como continuar.

Meditemos. Debemos tener presente que no todas las cosas siempre se realizan de la forma que queremos. Esto no nos puede provocar un desequilibrio tal que no sepamos como resolverlo. Si tenemos en claro que al armar un proyecto, hay situaciones que quedan libradas al azar y que no podemos manejar, nuestra vida será más placentera y estaremos preparados para cuando estas cosas nos ocurran.

Los ángeles quieren ayudarnos a mantener una actitud de paciencia trascendente, para que estemos tranquilos, prudentes y centrados, sin importar a lo que debemos enfrentarnos.

• La Incertidumbre

Todos tenemos metas en la vida y una mínima declaración de intenciones. Hay ocasiones en que tenemos la sensación de ir a tientas. Son momentos de miedo que no sabemos cómo superar. Estamos desorientados y no reconocemos ningún camino válido para seguir adelante.

En estos momentos los ángeles nos recuerdan que la incertidumbre puede ayudarnos para tomar nuevos caminos o asumir riesgos que nos hagan vivir con intensidad. La incertidumbre puede convertirse en una crisis de identidad que nos traiga un nuevo despertar obligándonos a enfrentarnos con nuestra fragilidad y liberarnos de todo el control que nos imponemos diariamente.

Los ángeles saben que la incertidumbre es el comienzo del descubrimiento y que luego llega el crecimiento.

• La Indiferencia

La indiferencia es la demostración más cruel que podemos expresar hacia alguien que nos ama. Ignorar los sentimientos o las actitudes de los demás es la peor evidencia de que el otro no nos importa o no lo tenemos en cuenta.

Muchas veces lo hacemos por escapar de nuestras preocupaciones pero eso no significa que prestemos atención a las necesidades de quienes nos rodean. También puede suceder que tengamos miedo frente a determinadas situaciones y optemos por evadirnos.

Tengamos en claro que si nos desentendemos de nuestros sentimientos y relaciones no tendremos protección y estaremos solos. Es necesario que acudamos a los ángeles y pidamos que nos acerquen a nuestros seres queridos. Debemos comprender que la vida es bella, aunque a veces nos haga sufrir.

• La Inquietud

Muchas veces atravesamos períodos de inestabilidad, nos sentimos inquietos, desbordados, angustiados. A pesar de todos estos sentimientos que agobian, somos incapaces de identificar el motivo o el fin. Este estado no es apropiado para tomar una decisión, aunque sea mínima. Con la mente intranquila, la capacidad de pensar se limita. Mientras que cuando nuestra mente está equilibrada y centrada puede evaluar todos los sentimientos que nos sobrepasan.

Es indispensable que meditemos, que realicemos un exhaustivo análisis. De esta manera encontraremos el origen de la inquietud que nos impide sentirnos plenos.

Cuando los ángeles vienen a ayudarnos, debemos renunciar a tomar decisiones y con una plegaria dejarnos llevar por sus consejos. Luego de conseguir la tranquilidad buscada, debemos agradecer su apoyo.

• La Inspiración

Si tomáramos el tiempo necesario, cada día de nuestra vida tendría la inspiración divina que nos traen los ángeles. Cuando lo hacemos, nos colman de ilusiones que iluminan el alma, ideales elevados. Cada vez que invocamos a los ángeles, ellos se presentan con alegría. Nos traen la inspiración, luces de colores y aromas de flores que nos llevarán al éxtasis divino. Percibamos el mensaje de los ángeles. Ellos nos dicen que siempre están cuidando nuestra mente y nos impulsan con un pensamiento de amor inspirado.

Cerremos los ojos y aspiremos profundamente. Escuchemos nuestro corazón, sus dictados. El amor se impregnará en nuestra aura, fluirá hacia nuestros semejantes. No olvidemos la felicidad que nos provoca el contacto diario con los ángeles. Siempre acudirán para traernos suspiros de amor.

• La Integración

Muchas veces, por diversas razones, nos alejamos de todo lo que nos rodea.

Quizás necesitemos un poco de soledad para poner en claro nuestras ideas o, simplemente, un espacio para meditar. De todas maneras, es importante y necesario integrarnos con nuestros congéneres.

El ser humano ha nacido para interrelacionarse e integrarse con los demás. Esto le permite superarse y tomar contacto con otras visiones, otros puntos de vista, otras formas de pensar.

Los ángeles vienen a rescatarnos de nuestro ostracismo. Ellos quieren guiarnos por el camino de la integración. Necesitan que formemos un todo pleno de amor. Vayamos junto a los ángeles. Descubramos la belleza de la integración universal que traerá la paz.

• La Introspección

En algún momento del día necesitamos la tranquilidad y el silencio para poder observar nuestra alma y nuestro corazón, meditar y hacer un análisis de conciencia.

En los tiempos actuales, donde todo es correr detrás de cuestiones materiales, necesitamos con urgencia mirarnos hacia dentro, con profundidad, para conocernos mejor.

Será una tarea ardua pero los ángeles vendrán en nuestra ayuda para guiarnos, para que nuestro análisis sea equilibrado y no seamos injustos con nosotros mismos. Ellos iluminarán nuestra alma y nos liberarán de las presiones que acosan nuestra mente.

Sentiremos fluir nuestros pensamientos y sentimientos. Escucharemos nuestra voz que nos hablará y sabremos llegar a buen término. Los ángeles estarán a nuestro lado colmando nuestra vida interna con su luz celestial.

• La Intuición

Los sentidos provienen de nuestra alma, nuestra esencia, nuestro espíritu. Los sentidos nos ayudan a captar todo lo que sucede a nuestro alrededor y percibimos detalles, sucesos pequeños. Sabemos que nuestra intuición no nos fallará pero siempre encontramos una excusa para no tomarla en cuenta.

Los ángeles ayudan a que desarrollemos nuestra intuición. Ellos nos hacen ver que nos ayuda a percibir la vida desde otro punto de vista. Siempre llegan a nuestro encuentro con todo su amor angelical, pidiéndonos que no desaprovechemos la posibilidad que nos da la intuición.

Por otro lado, cuanto más desarrollada esté nuestra intuición, más posibilidades tendremos de captar los mensajes angelicales. Siempre es importante intuir que ellos están presentes compartiendo nuestra vida.

• La Justicia

Cuando defendemos la paz, la honestidad y el honor, cuando podemos caminar con la cabeza en alto, sin temores, porque respetamos la verdad y no tenemos nada que ocultar, podemos decir que llevamos las banderas de la justicia a donde vayamos. Así seremos respetados y amados porque nos verán como personas confiables y coherentes.

De la misma manera que existe una justicia terrenal, somos fieles a la justicia divina y cuidamos sus leyes. Sabemos que en este camino, nuestro único premio es la gracia celestial. Por ese motivo, vamos por la vida tratando de contagiar a los demás para que continúen con nosotros en esta senda, incitando a que todos respetemos lo que se ha establecido como ley universal.

Los ángeles nos acompañan. Nos regalan luces divinas con dones exquisitos para triunfar.

• La Larga Vida

De la misma manera que necesitamos alimento, abrigo, dinero para poder tener una larga vida, es indispensable cuidar nuestra salud física y psíquica.

De nada sirve que pongamos toda la atención en los aspectos materiales si no tenemos en cuenta nuestro cuerpo y los cuidados que requiere para sentirnos fuertes y saludables interiormente. Por otro lado, nuestra mente y nuestra alma también necesitan alimento y abrigo para que podamos disfrutar de una vida plena.

Es fundamental que llevemos una existencia guiada por los buenos sentimientos y las buenas acciones, que seamos bondadosos y generadores de paz y amor.

Los ángeles nos guiarán con alegría. Pidamos su ayuda. Ellos nos harán ver el camino para que podamos gozar de una bella y fructífera vida plagada de buenas intenciones y pensamientos justos.

• La Lealtad

El sentimiento de lealtad nace del amor, del respeto y de la fidelidad hacia los demás. La lealtad significa ser honrado, sin dobleces, no mentir. Es un síntoma de rectitud y compromiso en la vida. Cuando somos leales, quienes nos rodean saben que pueden contar con nosotros porque jamás les fallaremos y siempre estaremos a su lado.

En ocasiones, ser leal a alguien o a algo nos puede costar un puesto de trabajo, un ascenso, una amistad o un amor. Pero si estamos convencidos de que la lealtad es más importante, debemos seguir este sentimiento. Es, en estos momentos, cuando debemos pedir ayuda a los ángeles. Ellos conocen nuestros problemas y nos guiarán a mantener la lealtad en alto y a no permitir que nadie nos aparte del camino que elegimos.

• La Libertad

La libertad es un derecho que debemos defender porque nos permite crecer humanamente, desarrollar nuestras aptitudes y vivir plenamente. Sepamos ser libres y permitamos que el otro también lo sea. La libertad es algo muy importante que hay que valorar. Sentirnos en la armonía infinita que da la gracia de la libertad angelical.

Cerremos nuestros ojos. Sentiremos como fluye la luz, sin espacio ni tiempo, sin barreras. Nos contagiaremos de una alegría inmensa.

Aprovechemos las alas de los ángeles que nos protegen. Debajo de ellas reunamos el valor suficiente para difundir la trascendencia de la libertad, para enseñar a vivir sin cadenas ni obstáculos que empañen la felicidad. Escuchemos a nuestros amigos celestiales, sigamos sus pasos y no perdamos esta oportunidad.

• La Luz

Al igual que el agua, la luz es vida. Si no existiera la luz, no podríamos distinguir el rostro de los seres que amamos, ni ver el color del cielo ni del mar, no conoceríamos el vuelo de los pájaros ni el andar de un león.

De la misma manera, cuando nos sentimos angustiados o heridos, cuando nos enojamos y no abrimos nuestro corazón a la reconciliación nuestra alma está sin luz.

Es por eso que no debemos permitir que nuestra alma se oscurezca con malos sentimientos. Hay que apartarlos para que entre la luz clara y diáfana que ofrece la vida y el amor.

Los ángeles siempre nos traen luz. Ellos iluminan nuestro camino y están junto a nosotros fortaleciéndonos con su resplandor.

• La Meditación

La meditación es nuestra ofrenda a la humanidad. Con ella ayudamos a que los males del mundo desaparezcan, a calmar el hambre, a finalizar las guerras. Debemos estar convencidos de este fin altruista, de la efectividad que ofrece porque sino, estaremos en el camino equivocado y no servirá para cumplir sus objetivos. Con la meditación buscaremos el bien común, entregaremos amor, transformaremos las palabras en milagros.

Los ángeles nos invitan a meditar. Descubriremos una inmensa paz interior, serenidad en el espíritu y una mente llena de luz celestial. Allí surgirán nuestras oraciones solidarias, nuestros deseos de esperanza, nuestra fortaleza interior.

Cerremos los ojos y junto a los ángeles meditemos acerca de un mundo mejor. Derramemos buenas intenciones para que el mundo las reciba con alegría y se hagan realidad.

• La Memoria

La memoria nos permite tener conciencia de los hechos pasados para poder evaluar y decidir los pasos del presente pensando en el futuro. La memoria es, a la voz permanente que llevamos dentro, la que nos recuerda o nos advierte para no cometer los mismos errores. La memoria también nos regala momentos gratos del pasado con los que disfrutamos o nos emocionamos al recordarlos.

La memoria es una capacidad que los seres humanos tenemos y es muy importante que nos aprovechemos de ella. Sin embargo, más valiosa es la memoria colectiva que construimos y preservamos como pueblo porque nos permite evolucionar como sociedad.

Los ángeles nos acompañan cuando intentamos recuperar el pasado, cuando queremos evaluar lo sucedido para no cometer los mismos errores. Su ayuda es muy gratificante porque nos guían por la senda que nos llevará a decidir correctamente.

• La Misericordia

En esta sociedad llena de envidias, falta el compromiso por el otro y la solidaridad. La misericordia ha caído en desuso y creemos que la ejercemos cuando entregamos displicentemente una moneda a quien la requiere en la calle.

Ser misericordioso significa perdonar al enemigo o a quien nos ofende, tratar con piedad y compasión a quien necesita de nuestra ayuda, ser indulgentes con los errores de los demás. También somos misericordiosos cuando perdonamos nuestras falencias. Hay que atreverse a ser diferentes y no sentir vergüenza por ejercerla con uno mismo y con los demás. descubriremos que nuestra alma se llena de gozo por hacer el bien a quien lo reclama.

La misericordia es un plan secreto del cielo. Cuando los ángeles la presencian, se alegran y nos bendicen. Pidamos a los ángeles valor para ser misericordiosos y no juzgar a los demás.

• La Misión

Todos tenemos una misión en la vida y nuestra tarea, además de descubrirla, es llevarla a cabo con alegría y dignidad. Esta misión que nos fue obsequiada debe ser nuestra arma para conquistar al mundo a través del amor, la nobleza y la honestidad.

Nuestra labor debe ser llevada a cabo con seguridad y armonía. Nuestros propósitos deben ser claros y de compromiso con el prójimo. Los ángeles nos ayudarán con esta misión que nos han impuesto porque saben de nuestras aptitudes o porque la hemos elegido libremente. Ellos saben que habrá obstáculos, que nuestros esfuerzos decaerán. Por eso estarán a nuestro lado para protegernos y apoyarnos en esos momentos.

También sabemos que con cada logro obtenido su alegría se multiplicará y nos sentiremos con más fuerzas para continuar y seguir adelante.

• La Moderación

En toda discusión o agresión, siempre hay alguien que dice la palabra justa o tiene la actitud exacta que permite que la disputa culmine.

Ser moderado es una virtud que ayuda a mantener la cordura, a aplicar la templanza en momentos de desborde, a tranquilizar los ánimos enfurecidos.

Actuar con sobriedad ante los otros demuestra que estamos en el camino de la tranquilidad emocional, que tenemos dominio sobre nuestras emociones y que sabemos manejar nuestro temple.

Responder con moderación, meditar cada actitud o palabra nos ayuda a recorrer la vida que está llena de sobresaltos.

Los ángeles llegarán con su luz a brindarnos la moderación que les pedimos y a guiarnos por el camino que nos llevará a la plenitud deseada.

• La Modestia

Los ángeles tienen la virtud de llenar los corazones de la humanidad con estelas de paz y tranquilidad. Ellos descienden sobre nosotros para cubrirnos con su cariño y sinceridad. Ellos extienden sus alas protectoras, sus cálidos abrazos y su amor.

Cerremos los ojos. Aspiremos el aroma celestial que desprenden. Encontraremos moderación y sencillez, nos regalarán recato y prudencia. Meditemos acerca de todos estos regalos y pidamos que nuestra alma se colme con ellos. Actuemos con moderación, sin presunciones, sin falsas pretensiones. Lograremos seguridad y serenidad. Seremos felices. Tendremos recompensas de amor y los que nos rodean nos amarán.

Conquistemos el mundo con nuestra modestia. Conseguiremos amor y suspiros tiernos de los seres que nos brindan luz y cobijo.

• La Monotonía

Cada día de nuestra vida nos imponemos un ritmo, armamos una agenda o cumplimos ciertas normas. Esto lo hacemos tanto en nuestra vida laboral como en nuestro hogar. Con frecuencia sentimos que la monotonía y el aburrimiento invaden nuestra existencia y queremos cambiar y no nos animamos.

La monotonía es algo que debemos vencer y no hay que tener miedo de introducir cambios en nuestras vidas. Todo cambio realizado a conciencia y sin que se haga de manera obligada, producirá un efecto reconfortante y novedoso para nosotros.

Animémonos a cambiar. Invoquemos a los ángeles para que nos ayuden a tomar la decisión. Una vez que lo hagamos, quedaremos sorprendidos porque sentiremos que nuestra vida es más placentera e interesante.

• La Música

¿Hay algo más hermoso que vivir rodeados por los sonidos de la música? ¿Nos tomamos el tiempo necesario para escuchar la música que nos regala la naturaleza?

Aprovechemos el sol de la tarde. Caminemos rumbo a un parque, a la orilla de un lago o del mar, o al pie de una montaña. Cerremos los ojos. Escuchemos. Descubriremos sonidos que no sabíamos que existían. Oiremos una cantidad inmensa de sonidos que se convertirán en melodías armoniosas para nuestros oídos.

La música siempre nos alegra el alma y el corazón. Produce cosquilleos que nos invitan a sonreír y a cantar. Los ángeles siempre nos traen nuevas melodías a nuestra vida porque saben que nos permitirán expresarnos y nos darán felicidad.

• La Naturaleza

La vida es misteriosa y, tal como ya lo dijimos, una buena parte de sus misterios que nos ofrece, no podremos nunca revelarlos mientras vivamos dentro del cuerpo terrenal. Esto lo sabemos pero, de todas maneras, intentamos explicar estos misterios de diferentes formas. Estas búsquedas que hacemos son algo innato en nuestras personas, están en nuestra naturaleza, en la búsqueda constante del origen del hombre.

La naturaleza humana provoca diferentes intereses, diferentes anhelos. La naturaleza humana siempre será un misterio. La bendición de ser todos hermanos, de disfrutar la vida, de agradecer a cada instante la dicha de estar vivos.

Demos gracias a los ángeles por todos los momentos hermosos que vivimos y por su ayuda en nuestro camino divino.

• La Nobleza

La armonía y la justicia así como también la pureza de espíritu y la bondad son condimentos necesarios para lograr la nobleza de corazón. El ser noble no tiene dos caras y actúa siguiendo los dictados de su conciencia. Cuando somos nobles no tememos a nada pues siempre gozaremos de un alma pura que nos llena de alegría.

Los ángeles nos regalan este don para purificar nuestro camino celestial. Ellos desean que la senda sea tranquila y segura, nos piden que ofrezcamos nuestra virtud para el bien de la humanidad y que seamos modelo a imitar por todos aquellos que están a nuestro alrededor.

Pidamos a nuestros amigos angelicales que nos ayuden en esta tarea que nos solicitan, que caminemos junto a ellos por el camino del amor.

• La Noche

Los ángeles llegan a nosotros llenando el cielo de luces, amor y bendiciones. Al finalizar el día, nos regalan la calma de la noche alumbrados por el brillo esplendoroso de la luna. Nos enseñan a descubrir su belleza y a valorar nuestra existencia. También nos muestran las estrellas. Vemos como nos iluminan con su luz divina y nos subyugan con su misterio.

Aprovechemos este momento para meditar y encontrar el sosiego necesario para el sueño reparador. Con la plenitud de la noche hallaremos serenidad que estamos necesitando y nos llegará el reposo.

Los ángeles nos regalarán una sonrisa y bendecirán nuestra vida. Cerremos los ojos. Ha culminado la jornada. Necesitamos el descanso nocturno para enfrentar el nuevo día.

• La Paciencia

Los ángeles vienen a vernos porque saben que necesitamos de su ayuda. Nos traen de regalo la tranquilidad del alma y la paz del espíritu.

Su aura nos protege y nos conforta de los problemas que nos impacientan. Sentimos su amor. Serenan nuestra alma y nos colman de esperanza el corazón. Nos ayudan a calmarnos y a pensar con serenidad. Nos invitan a meditar para que podamos hallar la solución. Nos muestran el camino para lograr nuestros anhelos. Desechan nuestra desesperación y nuestros sentimientos de impotencia que son los que nos producen ansiedad negativa.

Los ángeles nos cubren con sus alas, nos fortalecen con su luz y nos brindan un día pleno de paciencia para luchar contra las adversidades.

• La Palabra

Desde el principio de los tiempos el hombre usó la fuerza de su voz para la plegaria, la música, el canto. Con su forma más primitiva de lenguaje, encontró la vía para expresar dolor, fuerza, unión con la divinidad y diversión a través de la palabra. Sonidos de luz que lo unieron con el creador, a las fuerzas de la luz y a los seres que la transmitían.

No somos tan diferentes de nuestros antepasados, hemos creado tecnología sofisticada pero seguimos necesitados de la fuerza que nos da la conjunción, la unión con otras almas para unirnos con los otros, con aquellos con quienes nos sentimos unidos por lazos invisibles para tornarlos concretos.

Lo divino llegará a través de nuestra capacidad de unirnos con los demás y nuestra palabra se transformará en un bálsamo para nuestra vida.

• La Pareja

La famosa frase que nos dice que "no es bueno que el hombre esté solo" describe la necesidad que todos tenemos de encontrar, a través del amor, el complemento, la otra parte que haga de nosotros seres plenos y satisfechos.

Solamente la entrega y el desinterés que el amor provoca hacen que surja esa fuerza interior que nos empuja a construir una pareja, esa expresión que habla de igualdad de las partes pero también de libertad y respeto por la individualidad. La soledad y la imposibilidad de amor nos llevan al desasosiego y la angustia. Es por eso que siempre buscamos a alguien con quien compartir nuestra vida y nuestras ideas, porque necesitamos sentirnos queridos y entregar nuestro amor a alguien.

Cuando añoremos esa comunión, invoquemos a los ángeles. Ellos podrán guiarnos e insuflarnos la fuerza necesaria para cuando decidamos volar.

• La Paz Interior

Los sentimientos que salen de nuestro corazón, el espíritu y la mente necesitan de equilibrio para crear proyectos y para que podamos vivir con serenidad. Sin embargo, si no tenemos paz interior será muy difícil alcanzar una existencia plena.

Para cada acción que queramos comenzar debemos preparar nuestro cuerpo y nuestra alma. Es fundamental para no desequilibrarnos interiormente. Por eso debemos construir nuestra paz interior de manera cotidiana, tomando conciencia de todas nuestras limitaciones y de nuestras fallas. Esto significa saber todo lo que podemos dar y, en algunos casos, comprender que debemos aceptar ayuda y contención.

Los ángeles nos acompañan día a día. Aprovechemos su presencia para que nos guíen y oigamos los consejos que nos ofrecen para construir y cuidar nuestra paz interior.

• La Percepción

El mundo actual no permite que desarrollemos el don de la percepción. Es lamentable que las tareas diarias nos hagan dejarla de lado o que no creamos que podemos desarrollar esta cualidad.

La percepción nos permite descubrir sentimientos que, de otra manera, no sabríamos que existen. Es necesario que nuestra alma sea pura y nuestro corazón bondadoso.

La percepción también nos permite revelar la presencia de los ángeles que vienen a hacernos compañía. Ellos nos envían cariño y dulzura a nuestro corazón.

Cerremos los ojos. De esta manera percibiremos la presencia angelical y sentiremos dentro nuestro el surgimiento de la luz y el aroma celestial. Valoraremos a la percepción como un don imprescindible a desarrollar y a practicar.

• La Piedad

A menudo confundimos la piedad con la lástima y no nos damos cuenta de que la primera es una virtud elevada que nuestra persona puede tener. Sentimos piedad cuando nos ponemos en la piel de aquel que sufre, comprendemos su dolor y deseamos ayudar a que lo supere. Es una de las virtudes más nobles y poco común en estas épocas de tanto egoísmo.

La piedad nos brinda consuelo y paz a nuestra alma, nos despertará la mirada amorosa y sabremos perfectamente el significado de la palabra amable, de una caricia tierna en momentos difíciles pues los ángeles siempre están allí para cobijarnos. Al ser piadosos, entenderemos la felicidad de los ángeles cuando reclamamos su presencia porque nos sentimos mal. Recordemos que ellos nos guiarán con su luz en todo momento.

• La Presencia

Invoquemos a nuestro ángel guardián. Se presentará con su amor y su bondad. Expresemos nuestra intención, nuestros anhelos y nuestros pensamientos. Hagámosle saber que lo amamos. Sentiremos el calor de su resplandor que nos inunda, veremos los destellos de felicidad que alumbran nuestro camino. Cuando nos olvidamos de invocar su presencia, nuestra vida se bloquea y no podemos avanzar. Su presencia divina nos ayuda a caminar con seguridad. Con su presencia nos inspira el amor a nuestro semejantes, la nobleza a nuestro corazón. Nos regala sonrisas, palabras de apoyo y obras de caridad.

Si ellos están presentes en nuestra vida, viviremos con armonía, pensando en propósitos positivos, con nuestra fuerza interior intacta y con la seguridad de triunfar en todo aquello que emprendamos.

• La Prosperidad

Nuestra aura expresa, junto a la de todos los seres humanos que habitamos este planeta, las notas divinas que el Ser Supremo creó al formar el mundo. Son propósitos que deben fecundar, producir y cristalizar porque son notas divinas que deben progresar y crecer para dar sus frutos.

Los ángeles llegan a nosotros para que esos propósitos prosperen y se hagan realidad. Necesitan que se multipliquen para repartirlos por todo el mundo, a quien lo precise. Seamos testigos de los cambios que se inician. Ayudemos a derramar bienestar, salud, amor, paz y abundancia. Veremos siempre que cada vez habrá más para repartir pues el arcón de los buenos propósitos nunca está vacío.

Recibiremos efusiones divinas, bendiciones celestiales y nos colmarán de amor. Ofrezcamos alegremente todo esto a quien se encuentra solo.

• La Protección

Los ángeles nos regalan su resplandor divino y su protección angelical. Nos abrazan con su ternura y nos acarician con sus alas. Ellos nos brindan su refugio hasta que se calme nuestra angustia o nuestro desconsuelo.

De la misma manera, ofrezcamos nuestro hombro a quien necesite apoyarse o nuestra mente reposada y calma a quien precise hablar. Sentiremos la íntima dicha de ayudar al prójimo, consolarlo y brindarle la protección que necesita.

Purifiquemos nuestro espíritu, reflexionemos y recibamos a quien nos requiere con nuestro corazón abierto y dispuesto a entregar lo mejor que tenemos.

Llamemos a los ángeles y pidamos la gracia y la sabiduría suficientes para descubrir a quien necesita nuestra protección y para acercarnos a ayudar sin vergüenza.

• La Prudencia

Tengamos presente que es importante ser mesurados y moderados para ser felices. Meditemos antes de actuar. Sintamos que podemos cambiar las cosas con prudencia y delicadeza. Pongamos orden en nuestra mente para proceder de la manera correcta. Dejemos que las emociones fluyan pero que se expresen con mesura para no sentirnos desbordados. Seamos prudentes, nunca hagamos o digamos algo que pueda ofender a los demás. De esa manera, lograremos aprecio y admiración. Valoremos nuestros sentidos y encaminemos nuestras ideas hacia los cambios que pueden tranquilizar nuestra existencia.

Pidamos a los ángeles que nos procuren prudencia en todos los actos de nuestra vida. Aprenderemos a apreciar esta cualidad que nos permitirá gozar del amor y el reconocimiento de todos los que nos rodean.

• La Pureza

Cuando hablamos de pureza, inmediatamente pensamos en una flor, en un niño, en el agua cristalina o en la nieve de las altas cumbres. Cuando los ángeles nos hablan de pureza se refieren al amor, al alma, al corazón.

Ellos llegan con sus dulces alas a traernos pureza de espíritu. Depositan en nuestro corazón sus cargamentos de paz y armonía. Quieren que disfrutemos de un alma plena de tranquilidad. Así podremos gozar de las cosas pequeñas e importantes que la vida nos regala a diario.

Meditemos profundamente. Pidamos a los ángeles que nos colmen de pureza para así poder compartir con los demás todos nuestros dones. Ellos están en nuestro corazón esperando nuestra oración.

• La Purificación

La idea de pureza nos intimida porque creemos que algo puro no puede ser tocado, pertenece a seres superiores y tememos contaminarlo. Sin embargo, los ángeles nos ofrecen otro concepto al que llaman limpieza espiritual.

De la misma manera que cuidamos nuestro cuerpo mediante el baño, los perfumes y los jabones especiales, los ángeles nos proponen que tengamos con el alma las mismas atenciones.

A nuestro alcance tenemos muchas formas de purificarnos. Se puede ayudar a los demás, entregar esperanzas y alegrías, ser misericordiosos con el prójimo, ser comprensivos y reprimir las críticas. El único requisito es que estemos dispuestos a conseguir nuestra purificación espiritual.

Estos actos puros limpian nuestra alma y aumentan nuestra energía positiva, alegran a los que están a nuestro alrededor y regocijan el corazón de los ángeles.

• La Reconciliación

Muchas veces estamos enojados, con o sin razón, y no permitimos que se nos acerquen para solucionar la discusión que sostuvimos. Tampoco nos detenemos a pensar por qué reaccionó así la otra persona y meditar acerca de sus razones. El enojo no nos deja ver nada y nos cerramos totalmente. Nuestra mente se obstruye y nuestro corazón se endurece.

Meditemos. Cerremos los ojos y llamemos a los ángeles. Ellos nos traerán paz y tranquilidad. Harán que nuestro corazón se abra y nuestra mente razone. Su luz nos permitirá pensar y estaremos abiertos a la reconciliación, a escuchar a nuestro prójimo y comprender su visión. No debe importar que piense o actúe diferente. Siempre debemos estar dispuestos a no discutir y, si sucede, abrirnos a una reconciliación sincera.

• La Rectitud

Cerremos los ojos e invoquemos a los ángeles. Ellos vendrán en nuestra ayuda. Pidamos que nos bendigan con dones especiales como la grandeza espiritual, el valor y la nobleza de corazón para que nuestras mentes tengan claridad, nuestras almas estén plenas de pureza y nuestros corazones desborden amor. Así podremos conseguir la rectitud en la vida que nos dará tranquilidad y fortaleza frente a los demás.

Debemos recordar que el camino para la superación está lleno de alegrías y satisfacciones pero es recto y hay que ceñirse a su senda, ayudados por la oración. Recordemos que con nuestros pensamientos nobles, nuestros actos puros y nuestras emociones libres de agresión lograremos la rectitud necesaria para seguir en el camino celestial.

• La Reflexión

La reflexión trae tranquilidad y paz. La luz que refleja nuestra alma lleva a la meditación. Los ángeles nos cubrirán con sus alas y nos preservarán del mundo exterior para que logremos nuestro cometido. Reflexionemos, escuchemos sus voces. Los ángeles están para ayudarnos si tenemos problemas. Ellos nos hablan a través de nuestros pensamientos. Debemos dejar a un lado la angustia porque nos están acompañando.

En nuestra reflexión escucharemos sus palabras sinceras, sus sugerencias angelicales. Lograremos la tranquilidad y hallaremos la respuesta que tanto deseábamos encontrar.

Aprovechemos sus brazos para descansar y apoyemos nuestra cabeza en sus alas. Lograremos disfrutar con plenitud de un día colmado de paz.

• La Responsabilidad

Cuando descuidamos nuestras obligaciones o nos descuidamos física y mentalmente, el universo que habitamos se altera y todo tambalea. Asumir la responsabilidad de nuestros actos y palabras es la forma más certera de sentirnos bien.

Cuidarnos es nuestra obligación, aunque todos crean que somos egoístas. Ese egoísmo es sano y necesario porque nos permite vernos desde el amor y madurar con responsabilidad. De la misma manera, tenemos la responsabilidad de exigir a quienes amamos que sean responsables de sus actos y que cuiden de su persona.

La vida es un don precioso que hay que cuidar y debemos ser responsables de nuestras acciones. Cuando flaquean las fuerzas, los ángeles nos ayudan a discernir el camino a seguir para tomar cada acto con responsabilidad.

• La Sabiduría

A través de los siglos, los seres humanos hemos crecido, estudiado, avanzado en muchos aspectos. Esta sabiduría ha sido muy beneficiosa pues en esta época gozamos de conocimientos de toda índole. Sin embargo, cuando hablamos y nos referimos a la sabiduría del espíritu, encontramos que la falencia que tiene la humanidad es enorme. Lamentablemente somos muy pocos los que creemos que ésta es mucho más importante que la primera porque nos permite crecer como personas integrales que perseveramos para conseguirla.

Debemos tomar conciencia que todos poseemos dentro una sabiduría. Si nos tomamos el trabajo de descubrirla y utilizarla de forma correcta nos servirá para elevarnos y caminar seguros por la senda de la vida.

Los ángeles nos guiarán para que utilicemos nuestra sabiduría que nos convertirá en seres especiales.

• La Salud

La mayor riqueza está en las cosas que no se ven. Esto es algo que siempre olvidamos, sobre todo cuando estamos saludables y fuertes, cuando nos sentimos que podemos hacer todo lo que nos proponemos.

Tenemos una tendencia a esforzarnos haciendo peligrar nuestra salud. Como es algo que no vemos, hasta que no nos envía una luz de alerta no le damos importancia y no recordamos que es primordial estar sanos.

Los ángeles nos harán recapacitar sobre este aspecto. Ellos quieren que seamos personas sanas por dentro y por fuera. Nos demostrarán que es imprescindible cuidarnos y respetarnos, que si bien la salud no se ve, cuando nos falta o nos sentimos mal tomamos conciencia de nuestro descuido.

• La Seguridad

El resplandor que los ángeles emiten es su amor. Con él vibramos, nos otorga luz celestial y nos sentimos seguros en cada meta que emprendamos. Cuando los ángeles nos acompañan vemos que todo mejora, que los problemas se solucionan. Sus consejos son sabios y sus caricias son sinceras.

Cerremos los ojos y aspiremos profundamente. Invoquemos su presencia. Con nuestros ojos espirituales los veremos llegar. Traerán sus buenos oficios y su amor eterno. Con su presencia nuestra vida comenzará a cambiar, nos brindarán estabilidad y seguridad.

Pidamos que protejan nuestras bases sólidas con amor, paz y gracia. Los ángeles nos cubrirán con su amor y su suavidad. Nuestra vida estará iluminada. Seremos testigos y deberemos dar testimonio al mundo de este amor que recibimos cada día.

• La Sencillez

Los ángeles nos traen humildad y amor para colmar nuestras almas de sencillez. Nos abrazan con sus alas y nos cobijan para que podamos ser fuertes y elevarnos espiritualmente.

Nos conducen por los caminos de la sencillez y la modestia para llegar a conseguir un corazón puro que nos permita ofrecer a todos los que nos rodean este don que los ángeles nos regalan con su luz angelical. Somos privilegiados al ser tocados con esta virtud que nos posibilita comprender a nuestros prójimos y nos permitirá sentirnos plenos de amor.

Pidamos a los ángeles que nos acompañen, que siempre nos guíen por el camino de la sencillez.

Demos gracias por la modestia que hay en nuestras almas porque nos llena de luz y nos ayuda a sentirnos mejores seres humanos.

• La Separación

Cuando mentimos o actuamos incorrectamente estamos separándonos de nuestro camino y nos produce dolor. Nos apartamos solos pero, de todas maneras, lo hacemos igual. Cuando dejamos de lado todo lo que amamos, producimos desequilibrio en nuestra vida y el sentimiento de angustia nos envuelve. Pensemos que las personas que abandonamos son tan frágiles como nosotros y tienen la misma necesidad de cariño, amor y comprensión.

Los ángeles quieren que respetemos a quienes nos rodean. Cada vez que nos separamos de alguien que nos necesita, ellos llaman nuestra atención para que reparemos el dolor provocado.

Pidamos a los ángeles que nos ayuden. Ellos están dispuestos a apoyarnos cuando necesitemos separarnos del mundo y luego no encontremos el camino de regreso.

• La Sinceridad

Entregamos nuestro amor sinceramente, sin miedos y con ternura. La quietud y la seguridad hacen descansar nuestro corazón.

Cada acto de nuestra vida que realicemos con total honestidad con ternura y con nobleza nos colmará de tranquilidad porque seremos fieles a nuestro pensamiento.

Los actos sinceros nos producen felicidad y armonía. Cuando nuestra vida está regida por la conciencia limpia, somos bendecidos por el amor celestial y nuestra existencia es bella. Tendremos paz y abundancia de amor. Seremos amados y reconocidos por nuestra convicción.

Escuchemos los mensajes de los ángeles transformados en notas musicales que expresan su amor. Ellos nos dicen que siempre que actuemos sinceramente recibiremos la misma gracia que entregamos. Estemos atentos, quieren premiar nuestra coherencia. Nos traen amor y felicidad.

• La Sincronía

Por lo general, tenemos tendencia a relacionar determinadas coincidencias o acontecimientos con la magia. Sin embargo, todo esto prueba que la vida contiene fuerzas que no conocemos, que escapan a nuestra comprensión y que los sentidos perciben. Esto nos hace sentir distintos y con ganas de descubrir lo que percibimos pero no llegamos a comprender.

Los ángeles, con su infinita paciencia, nos harán entender que este misterio es el mensaje que debemos develar y que en la vida diaria se esconden hechos apasionantes que hacen que el paso del tiempo sea más llevadero.

Gracias a los ángeles descubriremos que hay fuerzas que no vemos pero que existen y que nuestros pensamientos son poderosos aunque no lo creamos.

• La Sobriedad

La sobriedad es una cualidad muy importante sobre todo si somos víctimas de alguna adicción que puede enfermarnos o causarnos algún daño físico o mental. En este caso, cuando logramos superarla, la sobriedad será una aliada inmejorable porque nos brindará seguridad y nos sentiremos respaldados por una forma de pensar y de actuar. Muchos la confunden con el aburrimiento pero esta creencia está muy alejada de la realidad.

Con la sobriedad obtendremos la paz que nuestra alma tanto necesita, gozaremos de la vida y podremos despertar con el corazón sereno. Sentiremos paz en el alma y tranquilidad en nuestro corazón.

Los ángeles nos acompañarán en el camino para hallarla y comprenderemos que no tiene porque ser aburrida, sobre todo si estamos acompañados por ellos.

• La Suerte

Es necesario que reflexionemos cuando hablamos sobre la suerte. Es una equivocación pensar que existe una suerte buena o mala. Lo que nos sucede en la vida no es bueno ni malo, simplemente sucede. Debemos aceptarlo sin hacer juicios de valor y abandonar la superstición.

Si creemos que tenemos mala suerte, siempre seremos derrotados en todo lo que emprendamos antes de empezar porque nos disponemos de manera negativa con nuestros actos futuros. En cambio, si ponemos nuestra mejor intención, nuestra mejor experiencia, lograremos el objetivo con satisfacción.

Como siempre, los ángeles están dispuestos a ayudarnos para corregir nuestra forma de pensar. Debemos cambiar esa manía de denominar a nuestras experiencias de vida como buenas o malas. Son simplemente experiencias y debemos siempre tomar de ellas lo mejor.

• La Superación

En el pensamiento divino siempre están presentes el amor y la bondad. Por este motivo, los ángeles se empeñan en colmar al mundo de gloria y humanidad para que el proceso de evolución sea positivo, para construir un planeta mejor. Ellos nos traen anhelos de superación, deseos de mejorar como personas.

Recurramos a los ángeles y disfrutemos de su aura celestial. Ellos elevarán nuestro espíritu siempre inquieto y nos conducirán por metas nobles que nos provocarán felicidad interior y nos darán ansias de crecer cada día como personas. Nuestros amigos angelicales desean que nuestra vida sea un camino pleno de amor, de gozo y de superación, que nos permita reír y disfrutar de las maravillas que nos ofrece el vivir cada día de nuestra existencia.

• La Sutileza

La sutileza es aquello que está más allá de lo concreto, lo que nos hace descubrir lo maravilloso de cada hecho. Esa magia que nos permite ver debajo de las aguas turbias.

Las sutilezas nos sacan de lo utilitario de nuestra vida cotidiana. Día a día perdemos nuestra capacidad de reparar en hechos ínfimos que nos pueden ayudar a restaurar nuestra humanidad.

Alguien dijo alguna vez que "los ojos son las ventanas del alma". Si aprendemos a mirar con nuestra alma, a apreciar lo pequeño que puede agigantarse, descubriremos nuestra armonía cósmica. Las sutilezas de la vida valen por sí y perderlas en el trajín diario desequilibra nuestro interior.

Para eso están los ángeles. Nos ayudarán efectivamente para descubrir lo imposible al alcance de nuestras manos.

• La Templanza

La templanza es una virtud divina que colma el corazón de los ángeles. Tener temple significa, además, tener recato y prudencia en las palabras y ser sencillo y moderado en los actos. Meditemos acerca de nuestra persona y veamos cuanto nos falta para alcanzar esta virtud con plenitud. Desechemos las pretensiones y el orgullo ya que no nos permitirán actuar con seguridad y estaremos intranquilos en cada acto que realicemos.

Si irradiamos temple, lograremos agradar a los demás, obtendremos reacciones afables y amorosas, y sentirán que somos personas seguras de nosotras mismas.

Invoquemos a los ángeles para pedirles que nos ayuden a reflexionar acerca de nuestro comportamiento y a corregir nuestra falta de templanza. Nuestro ser se sentirá plenamente satisfecho si podemos enmendar este defecto que nos opaca el alma.

• La Ternura

Los ángeles nos ofrecen su amor, su paz y su dulzura. Estas son bendiciones que recibimos diariamente. Nos las entregan con ternura pues nos aman profundamente. Nosotros debemos imitarlos y tratar siempre de encontrar la oportunidad de expresar nuestra ternura con los demás.

Al comenzar el día pidamos a los ángeles que nos ayuden a proyectar amor y cariño, que nuestra vida irradie misericordia y armonía, que todos sientan que pueden contar con nosotros pues encontrarán las palabras que contienen o la mano que ayuda.

Seamos tiernos y amables con quienes están cerca, tengamos el oído presto para escuchar el dolor ajeno y consolar a quien lo necesite. Respondamos tiernamente. Los ángeles estarán a nuestro lado y cada vez que aflore nuestra ternura, sentiremos una caricia en el corazón.

• La Tierra

Este planeta en el que vivimos es nuestra casa. Muchos son los que trabajan para destruirla, provocan desarreglos en la naturaleza y guerras que todo lo aniquilan. Lamentablemente son los poderosos los que se encargan de devastarla.

Sin embargo, no hay que olvidar que hay organizaciones y también mucha gente común que lucha por cuidarla y protegerla. Es en este grupo en el que debemos incluirnos para defenderla, salvaguardando sus especies, su flora, su agua pues es lo único que tenemos y debemos agradecer el mundo maravilloso que habitamos.

Los ángeles son nuestros aliados incondicionales. Ellos quieren preservar este planeta porque nos aman. Nos guiarán para que podamos trabajar conscientemente en su defensa y transmitir correctamente el mensaje para protegerla. Ellos nos alientan para que no decaigan nuestras fuerzas.

• La Tolerancia

Con frecuencia tomamos posiciones diferentes con los demás y no les damos oportunidad de explicar sus puntos de vista simplemente porque no opinan como nosotros.

Esto es grave porque no debemos cerrar nuestra mente a distintas opiniones o gustos, ya que no todos los seres humanos nos encontramos en la misma etapa de evolución, ni tenemos las mismas vivencias, ni tuvimos las mismas experiencias de vida.

La tolerancia es una de las virtudes mayores porque demuestran nuestro desarrollo interno, nuestra amplitud de criterios, nuestra comprensión hacia posiciones distintas y nuestra indulgencia frente a los errores ajenos.

Pidamos a los ángeles que nos guíen en el ejercicio diario de la paciencia y la comprensión pues nos ayudarán a ejercitar la tolerancia, ellos ofrecerán todo su amor y palabras tiernas.

• La Tranquilidad

Los ángeles quieren acariciarnos con su luz, cobijarnos con sus alas y protegernos de los malos momentos con sus rayos de paz. Ellos desean estrechar nuestros brazos, acercarse cariñosamente a nuestro corazón y transportarnos por el camino divino con sus canciones de amor.

Cerremos los ojos e invoquemos su presencia. Necesitamos contemplarnos en estos momentos porque nos sentimos agobiados y nos falta la tranquilidad precisa para continuar.

Aceptemos su ofrecimiento y vayamos junto a ellos en este paseo celestial. Nos otorgarán la paz necesaria, el sosiego justo. Nos transmitirán quietud, calma y serenidad para nuestras palabras y acciones. Así podremos inspirar dulzura y suavidad a todos los que se nos acerquen pidiendo ayuda.

No temamos, nos harán recuperar la tranquilidad perdida, la serenidad extraviada.

• La Transformación

Muchas veces nos sentimos abatidos, sin fuerzas para luchar, vencidos por la realidad que nos agobia. No encontramos la forma de revertir todo lo que nos sucede y no encontramos en nuestro horizonte una luz clara que nos aliente para seguir adelante.

En estos momentos debemos tener presente más que nunca que no todo lo que nos ocurre en la vida corresponde al plano material. Debemos transformar nuestra manera de ver las cosas y de pensar para continuar el camino con alegría y felicidad.

Cerremos los ojos, invoquemos a los ángeles y pidamos su ayuda. Ellos nos ayudarán a transformar nuestra existencia. Poco a poco, podremos modificar nuestros pensamientos, aclarar nuestros sentimientos y buscaremos con más ahínco el plano espiritual que será el que nos colme de dicha y satisfacción.

• La Tristeza

En ocasiones sentimos tristeza y no encontramos ningún motivo aparente. No tenemos ganas de reunirnos con nuestros amigos para disfrutar de un buen momento o, simplemente, nos aislamos para estar solos porque no tenemos ganas de hablar con nadie.

Los ángeles están atentos a nuestros sentimientos. Seguramente no esperarán nuestro llamado y vendrán a traernos alegría para que volvamos a sonreír y nos ayudarán a analizar el origen de nuestra tristeza.

Esta reflexión sobre nuestros sentimientos nos servirá para darnos cuenta de lo que nos sucede pero, además, para rescatar lo bueno de nuestra vida y darle un valor primordial.

Pidamos a los ángeles que nos protejan. Aprovechemos su guía para encontrarnos con la felicidad perdida y dejar atrás la tristeza que nos embarga.

• La Veneración

Veneramos a quien consideramos un ser superior. En él depositamos amor, fe, esperanza y devoción. Seguimos sus palabras y sus actos y hacemos todo lo que está a nuestro alcance para acercarnos espiritualmente y seguir su camino y sus enseñanzas.

A veces no resulta fácil, pero la tarea se ve recompensada cuando nos ofrece la dicha de estar vivos y las cosas bellas que nos suceden en la vida.

Los ángeles nos dan su amor y su luz. Nos guían en la devoción y nos bendicen a cada instante. Ellos nos muestran la senda de la reflexión para que demos gracias por todos los dones que nos fueron entregados en el momento de nacer.

• La Verdad

Todas las puertas se abren cuando llevamos como forma de vida la verdad. Nada justifica mentir. La verdad es la única arma poderosa que derriba cualquier piedra que trabe nuestro camino celestial. La verdad debe ser nuestra bandera, nuestro estandarte y nuestro escudo. Jamás podrán vencernos pues con la verdad como forma de vida no dejaremos flancos libres para que nos ataquen. Nuestra mente vivirá reposada porque no tenemos nada que ocultar, nuestro espíritu irradiará luz propia y nuestro corazón estará lleno de pureza. Seremos queridos y respetados por todos ya que la justicia será nuestra compañera inseparable como lo es la verdad.

Recurramos a los ángeles para que nos protejan y nos ayuden a no claudicar, a ser firmes en esta forma de vida que hemos elegido y que nos llevará a la felicidad.

• La Vida Interna

Si miramos en nuestro interior y somos sinceros con nosotros mismos, podemos reconocer los males de la humanidad en nuestro propio ser, en nuestros pecados, en nuestro egoísmo, en nuestra envidia, en nuestros malos pensamientos, en nuestras ansias de consumo y de gloria. No somos santos y nuestro ser interno también alberga miedos, rencores y sombras.

Es preciso que meditemos y pongamos nuestra mente y nuestra alma a trabajar para revertir todo esto que nos daña.

Pidamos a los ángeles que nos ayuden a cambiar lo negativo que llevamos dentro. Si bien el cambio no será fácil ni de golpe, con su apoyo podremos modificar estas actitudes.

Nuestra mayor aspiración debe ser que podamos lograr una vida interna plena, que irradie una luz pura y nos permita ofrecer amor al mundo.

• Las Aspiraciones

Los ángeles necesitan de nuestro amor. Ellos nos colman de dicha y felicidad para que podamos colaborar con la ardua tarea de nuestra elevación personal y el acercamiento a un plano superior. Es preciso que los seres humanos tomemos conciencia de que debemos unirnos en el amor para conquistar las aspiraciones de nuestras almas. Nos incitan con los sueños placenteros que nos regalan y con los aromas maravillosos que nos traen y nos producen gozo.

Elevan nuestras aspiraciones al mostrarnos un mundo plenamente armónico y bello. Nos provocan para que los acompañemos en su tarea, nos hacen parte de sus aspiraciones también.

Cerremos los ojos y reflexionemos. En nuestro interior sentiremos la dicha de haber sido elegidos para acompañarlos y demos gracias por su ayuda porque nos permite cumplir con nuestras aspiraciones de cada día.

• Las Decisiones

Muchas veces debemos tomar decisiones que no queremos. Esto nos produce mal humor, angustia y nerviosismo. A pesar de estar rodeados de gente, nos sentimos solos y, también, incomprendidos. Reflexionemos. Descubriremos que si estamos seguros de las decisiones tomadas, no debemos sentirnos mal porque estamos siendo fieles a nuestras ideas y sentimientos.

Cerremos los ojos e invoquemos a los ángeles. Ellos nos traerán toda su comprensión y su amor. De pronto nos sentiremos reconfortados y nuestra alma iluminará nuestra mente. Los ángeles nos guiarán para que podamos afrontar nuestras decisiones con fuerza y sabiduría, para que la calma llegue a nuestro corazón y en el momento indicado hagamos lo que creemos correcto.

Debemos recordar siempre que no estamos solos. En los momentos más difíciles, los ángeles están a nuestro lado para sostenernos.

• Las Diferencias

Con frecuencia oímos que dos personas no pueden estar de acuerdo porque son diferentes pero olvidamos que todos somos diferentes y que, a pesar de eso, nos relacionamos y entablamos relaciones con personas que piensan distinto a nosotros. Aunque creamos que somos iguales a los otros, siempre habrá algo que nos distinga.

Debemos aceptar con alegría las diferencias, aprender que también estas nos unen y aprovecharlas como experiencia. Lo importante es no despreciar al otro por sus diferencias o pensar que está equivocado porque no piensa de la misma manera. De esta forma perderíamos grandes oportunidades de enriquecernos con la diversidad de pensamientos.

Pidamos a los ángeles que nos ayuden a conocernos y a descubrir que nuestras diferencias con los demás no son muchas, que no pueden constituirse en una barrera inexpugnable y que las semejanzas que tenemos son muchas más de las que pensamos.

• Las Energías Positivas

Los ángeles reúnen todas las energías positivas del universo. Las derraman sobre el mundo y nos regalan buenas intenciones y sentimientos. Nosotros las recibimos y las utilizamos para producir beneficios a la humanidad.

Si bien hay muchos seres humanos que no aprovechan estas bendiciones, debemos colaborar para que todos disfrutemos de ellas y que nuestra colaboración sea contagiosa para los demás.

Los ángeles nos conocen y vienen a buscarnos para que los acompañemos a repartir energías positivas por el universo. Si encaramos nuestro día a día con energías positivas, si desechamos todo aquello que nos produce dolor, si transmitimos buenas intenciones y cordialidad, ayudamos a los ángeles. Con nuestra actitud estamos invitando a que los demás nos imiten. Esto redundará en beneficio para toda la humanidad.

Al final de la jornada, sentiremos que hemos vivido un día pleno de felicidad y bendiciones. Son los regalos que nos dejan los ángeles por nuestra colaboración.

• Las Flores

Las flores nos alegran con sus colores y su perfume pero también colaboran para que nuestra alma sienta gozo cuando las apreciamos en todo su esplendor. En la ciudad, los canteros de los parques, los balcones o los jardines de las casas cuando están repletos de flores multicolores son una fiesta para los ojos y también para el corazón. En el campo, las grandes extensiones cubiertas de flores convierten al paisaje en un espectáculo que siempre es grato admirar.

Su aroma impregna el espacio y producen armonía en el alma. Las flores que los ángeles nos regalan para perfumarnos y adornarnos el alma cumplen la misma función.

Estas flores especiales nos hacen cosquillas en nuestro interior, nos regocijan la vida y nos hacen ver los problemas de otra manera. Absorbamos la aromática esencia de los ángeles y sus cromáticas vibraciones. Disfrutemos sus fragancias sublimes y los colores brillantes que nos iluminan.

• Las Ideas

Los ángeles nos traen ideas plenas de esplendor y gloria que nos ayudarán a conseguir felicidad para nuestra vida.

Cerremos los ojos. Absorbamos la esencia celestial. Abramos nuestra mente, escuchemos los susurros angelicales que se transformarán en ideas amorosas y pensamientos bondadosos. Tomemos conciencia del poder que tenemos cuando aplicamos nuestras ideas porque con ellas podemos ayudar a los demás. Contribuyamos con anhelos para el bien de la humanidad. Regalemos nuestras ideas puras, ayudemos a que se difundan y que sean muchos los que nos imiten. Cuando nuestras ideas colaboran con el bienestar de la gente, los ángeles nos ayudan a ponerlas en práctica y a continuar el camino del bien común.

• Las Metas Imposibles

Conocer los propios límites y no esforzarse por traspasarlos ayuda a ser feliz y a hacer felices a los que nos aman. Debemos conocer hasta dónde podemos llegar porque cuando nos exigimos más nos angustiamos y sentimos frustración.

El camino del conocimiento interior es, en ocasiones, una tarea difícil pero muy importante para aceptarnos y querernos tal cual somos. Los ángeles nos enseñan a amarnos con nuestras limitaciones. También nos hacen reflexionar el motivo por el cual nos proponemos ciertas metas que son difíciles de cumplir y que sólo nos provocarán angustia e insatisfacción.

Debemos aprender a dar hasta donde podamos y no sentir inseguridad por no lograr más. Aprender a sacar el máximo provecho de nuestros límites y descubrir que, de esta manera, somos mucho más fuertes de lo que pensábamos.

• Las Peleas

Hemos tenido un enfrentamiento con alguien y nos sentimos muy mal. Nuestra mente está confundida y nuestro corazón se siente herido. Debemos reflexionar acerca de lo sucedido y tratar de serenarnos.

Cuando se entabla una pelea, todo se destruye. Se pierde la perspectiva del otro, se utilizan palabras o frases que sólo lastiman y el fin último es obtener la razón a cualquier precio, no importa cómo. Cuando una pelea es profunda e hiriente destruye al otro y también a nosotros.

La meditación nos hará comprender que las peleas no conducen a nada. En cambio, si proponemos un debate estableceremos un marco de respeto y tolerancia. Cuando se debate, aceptamos el pensamiento diferente de la otra persona y, a partir de allí, iniciar un intercambio de ideas que puede resultar muy provechoso y enriquecedor para las dos partes.

Pidamos a los ángeles que nos ayuden a no malgastar nuestra vida en peleas y a saber escuchar, a dejar el resentimiento de lado y ser comprensivos con los demás.

• Las Plegarias

Los ángeles iluminan nuestro día. Ellos nos despiertan con caricias para que seamos felices. Nos impulsan a la oración matinal que nos ayudará a iniciar la jornada bien dispuestos. Nos acompañan en el anochecer, cuando repetimos nuestro rezo al final del día para hacer un análisis de lo sucedido durante la jornada.

Unamos nuestras manos, elevemos nuestra mente, recemos con convicción. La honestidad y la pureza de nuestras plegarias hará que la plenitud entre en nuestra alma.

Los ángeles saben que las plegarias ayudan a la humanidad, iluminan a los que se toman el tiempo de hacerlo. Son necesarias para elevar las almas hacia la libertad espiritual.

Regalemos nuestras plegarias al mundo. El universo se alegrará de recibir nuestras oraciones. Los ángeles nos bendicen y agradecen. Nuestra vida brillará plena de alegría y felicidad.

• Las Recompensas

Estamos abocados a la tarea de compartir nuestros dones, de entregarnos espiritualmente a los demás. Los ángeles saben que hay ocasiones en que no es fácil seguir adelante pero conocen nuestra decisión y nuestra vida de entrega. Es por eso que nos traen bendiciones celestiales como recompensas, para que no creamos que a nadie le importa nuestro esfuerzo cotidiano y darnos la fuerza necesaria para continuar el camino. Ellos confían plenamente en nosotros y quieren colaborar con nuestro plan de ayuda a la humanidad. Nos desean el bien y recibimos su luz que nos permite actuar con bondad y humildad con los que necesitan nuestro apoyo.

Las recompensas que los ángeles nos regalan nos harán sentir más fuertes, con ganas de seguir trabajando y esto acercará nuestro corazón a la gloria divina.

• Las Situaciones Imposibles

Con frecuencia nos encontramos frente a situaciones que creemos son imposibles de solucionar. Cualquier cosa que hagamos o digamos no sirve para solucionar el problema o encontrar el camino que nos lleve a resolverlo. Es imposible salir de ese atolladero y esto nos enfada y bloquea nuestra mente.

Los ángeles nos ayudarán a reflexionar acerca del problema, a tomar distancia de la situación y a tranquilizarnos. Entonces descubriremos otra perspectiva de la situación que no habíamos podido ver por estar tan metidos en el problema.

Nos volveremos a cargar de energía positiva, estaremos menos preocupados y reconoceremos cerca nuestro a personas que harán mucho por ayudarnos. A partir de este cambio de actitud, encontraremos la solución buscada.

• Las Sonrisas

Si los ángeles nos regalan las sonrisas para que las usemos constantemente, ¿por qué no lo hacemos?, ¿por qué no los imitamos y regalamos sonrisas a los demás?

Cerremos los ojos. Invoquemos a los ángeles. Ellos vendrán trayendo amor celestial a nuestra vida. Nos colmarán de bendiciones, amor y paz que se transformarán en sonrisas que ofreceremos a quienes nos rodean. Demos caricias y sonrisas a quien lo necesite y a quien amamos, para reconfortarlo. Veremos surgir desde nuestro interior una paz y felicidad que instalará el brillo angelical en nuestros ojos y una sonrisa piadosa.

Este es el idioma de los ángeles. Nos hablarán a través del amor, lo expresaremos con sonrisas que regalaremos a la humanidad.

• Los Abrazos

Siempre es agradable e importante sentir el amor que los demás nos tienen como así también demostrar nuestro afecto a quienes amamos. Los abrazos permiten el contacto físico con los otros, permiten transmitir nuestras vibraciones positivas y nuestro calor humano. El abrazo se da al amigo sincero, a la persona amada, al niño. El abrazo es una explosión de felicidad en el alma y la plenitud para el corazón.

Cuando los ángeles vienen en nuestra ayuda nos abrazan con sus alas. Es por eso que con su presencia siempre nos sentimos reconfortados y aliviados. Tengamos la buena costumbre de expresar nuestros sentimientos con abrazos. Sentiremos alegría en nuestra alma y veremos las sonrisas de felicidad que provocan en los corazones de los que amamos.

• Los Anhelos

Los ángeles llegan a nuestra vida trayendo amor y paz. También nos traen la fuerza espiritual necesaria para no decaer en el intento por conseguir nuestros anhelos. Esta ayuda será beneficiosa para nuestro camino. Nuestro corazón se colmará de júbilo y sentiremos la energía para luchar contra los obstáculos que aparezcan.

Ellos nos aman y nos estrechan dulcemente con sus alas. Cerremos ojos e invoquemos su presencia. Sentiremos su halo angelical que nos traerá paz y tranquilidad a nuestra alma.

Aprovechemos la fuerza que nos fue obsequiada para hacer realidad nuestras metas. No estamos solos en el camino que hemos elegido. Los ángeles estarán a nuestro lado para que nuestros íntimos anhelos se cumplan.

• Los Aromas

El olfato es un sentido que, muchas veces, no explotamos en toda su magnitud o no le damos importancia. Al igual que los otros sentidos, el olfato tiene una función importante y la desechamos. ¿Tenemos la costumbre de detenernos a apreciar el aroma de una flor o de una hoja de eucalipto? ¿Cuántas veces percibimos el olor del agua de mar o el de la fraga en la montaña?

Los aromas son regalos de los ángeles para que nuestra existencia sea más bella y plena, para que disfrutemos de toda la hermosura que la naturaleza nos ofrece cada día de nuestra vida. No vivamos tan apurados y tomemos nuestro tiempo para disfrutar de todo lo precioso que tenemos a nuestro alrededor.

• Los Buenos Propósitos

Los ángeles nos traen su fuerza divina, su voluntad firme para que nos propongamos metas y las realicemos. Ellos nos entregan su amor y nos ofrecen su ternura para que seamos personas fuertes y bondadosas. Ellos nos regalan propósitos nobles y nos ayudan en los momentos de flaqueza.

Es importante recordar que los ángeles están siempre a nuestro lado, brindándonos su protección. Cuando los invoquemos, compartamos con ellos nuestros buenos propósitos y nuestros anhelos pues ayudarán a que se hagan realidad. Este es el regalo que nos hacen.

Cerremos los ojos. Al sentir su presencia, abramos nuestro corazón y recibamos todo su amor. Nos harán el camino más fácil para que podamos cumplir con nuestras buenas intenciones.

• Los Cambios

Nuestras vidas transcurren con cambios constantes, muchos de los cuales ocurren con tanta rapidez que no tomamos conciencia de que suceden. Una existencia sin cambios es una vida sin expectativas, ni metas, ni perspectivas, no puede producir felicidad ni alegría.

Los cambios que experimentamos siempre son positivos, aunque algunos nos dejen un sabor amargo, porque de todos debemos rescatar lo bueno para construir, poco a poco, nuestra experiencia y conocimiento.

Debemos pedir a los ángeles que nos ayuden a rescatar lo positivo de cada cambio, a capitalizarlo. De esta manera, estaremos preparados para los próximos y, con su ayuda angelical, sabremos aceptar los hechos que nos suceden. Ellos estarán alertas, llevándonos de la mano e indicando lo que debemos desechar.

• Los Cimientos

Los cimientos son la base de toda estructura. Un buen arquitecto los hará firmes y duraderos para poder construir sobre ellos. Cuando son poco seguros, hay riesgo de derrumbe y todo el trabajo previo se echa a perder.

En un mismo sentido, cuando una vida tiene bases poco firmes, puede derrumbarse ante el menor cimbronazo. Los problemas diarios nos llevan a vivir apurados, sin tiempo para la reflexión. Cuando nuestros cimientos no son firmes, podemos quebrarnos o tratar de huir para no enfrentar las complicaciones.

Todos enfrentamos situaciones que requieren de nuestra fortaleza y claridad de ideas. Nuestros cimientos deberán estar reforzados para poder apoyarnos en ellos y salir airosos. Esto se logra con la meditación, con el autoconocimiento.

Los ángeles nos apuntalan, nos ayudan a reforzar aquellos aspectos en los que estamos más desprotegidos. Recordemos dar las gracias por su presencia y su colaboración.

• Los Colores

¿Somos conscientes de la belleza que nos otorgan los colores de la naturaleza? ¿Nos detenemos a observar y a admirar las maravillosas policromías que se nos muestran a diario? Los vibrantes colores de las flores, el blanco puro de la nieve, el cielo profundamente celeste y los rayos dorados del sol, el firmamento gris plomizo antes de una tormenta, los diferentes tonos de las montañas y las variedades de azul que nos ofrece el mar.

Incorporemos la costumbre de disfrutar los colores que nos regala la naturaleza. Además de sorprendernos ante su majestuosidad, nos alegrarán la vida y descubriremos la belleza de sus gamas y combinaciones. Así aprenderemos el valor que tienen. Sentiremos la necesidad de respetarlos, además de gozar de su magnificencia.

Los ángeles cuidan estos colores. Saben que con cada uno de ellos sentimos placer y alegría. Es por eso que nos piden ayuda para cuidarlos y nos recuerdan su existencia.

• Los Consejos

A veces somos reacios a escuchar los consejos de los demás aunque vengan de alguien a quien respetamos o amamos. Creemos que nuestras ideas o acciones son siempre correctas y en esto nos equivocamos. Estamos tan convencidos de nuestra postura que no podemos ver otra perspectiva y desechamos el consejo de quienes ven las cosas desde otro lugar.

De la misma manera actuamos con los ángeles cuando no recurrimos a ellos, aún sabiendo que tienen para ofrecernos sus alas que nos guiarán correctamente o sus susurros para que los escuchemos cuando no sepamos cómo actuar.

Abramos nuestro corazón. Los ángeles desean venir a ayudarnos. Sólo debemos invocarlos y podremos escuchar sus palabras llenas de amor y sus manos solidarias. Los consejos angelicales son sabios, nunca nos harán daño ni nos conducirán por la senda incorrecta.

• Los Desafíos

Cada día que comienza es un nuevo desafío que debemos enfrentar. Esto es bueno pues nos mantiene alertas con ganas de seguir luchando.

Sin embargo, hay ocasiones en que nuestras fuerzas flaquean y sentimos que no podemos seguir adelante. Tenemos ganas de abandonar todo y quedarnos inmóviles esperando que esa sensación termine.

En estos casos, los ángeles aparecen con todas sus ganas para sostenernos y cobijarnos. Ellos saben que somos débiles y que necesitamos su ayuda. Tenemos su apoyo angelical, su voluntad divina y su inspiración celestial. Nos otorgan tranquilidad para que pensemos con criterio el camino a seguir.

Con su amor nos fortalecerán y nos apoyarán para que veamos claramente y no tengamos temores. Nos ayudarán a aceptar los desafíos que la vida nos ofrece y a salir airosos de cada uno de ellos.

• Los Dones

Muchos son los dones con los que nacemos. Nuestra tarea es descubrirlos, acrecentarlos y cuidarlos durante nuestra vida. Así podremos aplicarlos en nuestra vida y ayudar a los demás. También a lo largo de nuestra existencia debemos ser capaces de modificar nuestras actitudes o defectos. Allí surgirán nuevos dones que nos elevarán como seres humanos.

Todos los seres humanos en un momento de nuestra vida necesitamos de la reflexión que nos llevará a comprender el sentido de la existencia y de la misión que debemos cumplir en este mundo. Entenderemos que los dones son un regalo divino para ser felices y plenos pero que tenemos la obligación de entregarlos a los demás para el bien de la humanidad.

Pidamos a los ángeles que nos guíen. Aprendamos a valorar nuestros dones y tengamos la bondad y humildad para compartirlos.

• Los Estudios

Los ángeles nos cubren con el manto de la sabiduría y nos abrigan con sus alas. Hemos sido bendecidos con diferentes capacidades: la inteligencia, la comprensión, la superación, la aspiración, la fuerza interior.

Todas estas capacidades nos ayudarán a estudiar, a superarnos. Si nutrimos nuestro intelecto seremos mejores personas porque tendremos más armas para comprender a los demás, para ser solidarios y tener una mayor amplitud de criterios.

Los ángeles se acercan a nosotros y nos ofrecen su luz. Abren nuestra percepción, para que estemos dispuestos a encarar con mayor eficacia el estudio diario, que nos aportará mayores conocimientos y capacidad.

Encaremos el día con amor, con fe y con tranquilidad. Los ángeles estarán allí para asistirnos porque nos aman y nos cuidarán con su espíritu.

• Los Ideales

Cuántas veces hablamos acerca de nuestros ideales y de todo aquello que queremos conseguir en la vida. Pocas veces hablamos de lo importante que es alcanzarlos y lo que cuesta luchar por ellos.

Cuando nuestros ideales son pensamientos elevados, al conseguirlos podemos alcanzar la plenitud espiritual porque nos permiten gozar del amor y la felicidad suprema.

Cerremos los ojos. Invoquemos a los ángeles. Ellos nos ayudarán con la tarea que les pedimos y nos guiarán para que nuestro corazón se abra a la armonía y elijamos los ideales que nos colmen de felicidad y que nos hagan crecer como seres humanos.

Oremos, elevemos nuestra mente. Oigamos los consejos de los ángeles y sigamos sus palabras. Con su guía podremos cumplir con nuestros anhelos y sentiremos que nuestras metas pueden alcanzarse.

• Los Mensajes

Todos los días de nuestra vida, desde el momento de nuestro nacimiento, recibimos mensajes angelicales plagados de amor y dulzura que nos protegen y guían por el camino de la felicidad. Esos mensajes nos llegan de diferentes maneras. Es por eso que nuestro corazón debe ser puro y armónica nuestra mente para poder escuchar con claridad lo que nos quieren decir.

Los mensajes angelicales siempre nos traerán buenas noticias y alegría a nuestras vidas, consejos para no desviarnos del camino que elegimos o palabras de aliento para elevar nuestro ánimo cuando estamos tristes.

Cerremos los ojos e invoquemos a los ángeles. Con nuestro corazón abierto a la luz celestial agradezcamos sus mensajes que nos ayudan, nos guían o nos alientan en nuestra vida.

• Los Milagros

En este momento en el que nos toca vivir, en el que el descreimiento reina en todos los aspectos, la mayoría de las personas no creen en los milagros y piensan que son hechos de épocas pasadas.

Sin embargo, la existencia humana en sí misma es un milagro. El amor que sentimos hacia la persona que elegimos para que nos acompañe en la vida, los amigos, el amor de nuestros padres e hijos, todo es un milagro que los ángeles protegen cada día de nuestra vida con sus alas blancas.

Cuando disfrutamos de un atardecer, el canto de los pájaros, la maravilla de colores que nos regala el arco iris o la magnificencia de las estrellas brillando en la noche. Todo eso es un milagro divino que nos fue dado para que seamos felices y podamos disfrutarlo.

Demos gracias a los ángeles porque nosotros seguimos creyendo en la existencia de los milagros. No es que seamos seres ignorantes o inocentes. Somos seres que luchamos por conseguir una vida cada vez mejor y más elevada.

• Los Misterios

Nuestra existencia está plagada de misterios que constantemente queremos develar.

Es un misterio saber por qué una persona nos cae bien o mal, por qué amamos u odiamos, por qué sentimos piedad o no. Lo importante, quizá, es saber que esos misterios nos permiten amar y ser amados, entregarnos a quien nos necesita, ayudar a los demás.

El amor celestial es un misterio que aceptamos y respetamos. Los ángeles son los mensajeros que vienen a repartirlo sobre la tierra. Sin ese amor, nuestra existencia sería vana e inútil.

Pidamos a los ángeles la sabiduría necesaria para descubrir los misterios que nos ayuden a ser mejores personas y a aceptar aquellos misterios que no puedan ser develados en este mundo.

• Los Principios

Cuando hablamos de principios, nos referimos a aquellas ideas, pensamientos o conductas que elegimos para que rijan nuestra vida. Todos los tenemos, los dicta nuestra conciencia y a ellos debemos atenernos para no sentir luego que los traicionamos. Además de nuestra seguridad, nuestra fe y nuestra honestidad para cumplirlos, debemos tener fuerza de voluntad, calma y decisión. Estas son virtudes necesarias para que podamos seguir adelante nuestro camino.

Pidamos a los ángeles que nos acompañen en aquellos momentos que nos veamos flaquear, cuando no podamos sostenernos en nuestros principios y tengamos miedo de no respetarlos.

Cerremos los ojos e invoquemos a nuestros amigos angelicales. Su presencia nos colmará de paz espiritual. Nos sentiremos respaldados y protegidos. Nos mostrarán el camino a seguir, si estamos desviados o, nos alentarán para que sigamos adelante.

• Los Recados

Los ángeles llegan para alegrar nuestro día, para recordarnos a cada momento que somos seres especiales. Nos aman profundamente y velan por nosotros. Nos traen bendiciones y recados divinos para que seamos felices. Estos regalos nos permitirán iniciar la jornada con alegría y dispuestos a compartir estos dones con nuestros semejantes.

A lo largo del día iremos recibiendo los recados celestiales que nos ayudarán a que la jornada transcurra con paz y felicidad.

Estemos atentos a sus mensajes que percibiremos como susurros musicales. Cada uno de ellos será un recado nuevo, una bendición milagrosa que nos permitirá engrandecer nuestra alma y abrir nuestro corazón.

Demos gracias por sus bendiciones. Compartamos estos bienes divinos con quienes nos rodean. Seamos testigos del amor que nos brindan.

• Los Recuerdos

Nuestra mente está repleta de recuerdos, de los malos y de los buenos. Con frecuencia recordamos hechos que sólo provocan dolor o angustia.

Debemos aprender a eliminar estos recuerdos y preservar los que nos hacen felices. No es una tarea fácil pero tampoco imposible. Cuando meditemos, tengamos en cuenta toda la felicidad que nos produce recordar eventos maravillosos, momentos plenos de alegría que nos harán pensar que no vale la pena ocupar nuestra memoria con hechos que nos borran la sonrisa y la armonía espiritual.

Invoquemos a los ángeles. Ellos llegarán rápidamente a nuestro lado para ayudarnos a mantener los recuerdos que nos hacen felices y a que olvidemos aquellos que nos lastiman o nos producen rencor. Con su amor nos guiarán por el camino de la dicha, con una vida plena.

• Los Regalos

Los ángeles vienen para iluminar nuestra vida con su esencia celestial. Nos protegen con sus alas. Cerremos los ojos y sentiremos plenamente su presencia angelical. Ellos nos colmarán de bienestar espiritual, compasión, energía, generosidad, humildad y reflexión. Todos estos dones son regalos importantes que nos harán felices y nos permitirán dar y compartir con los demás.

No debemos desesperar, nunca. Los ángeles nos aman y siempre acuden a nuestro llamado para regalarnos aquello que necesitemos. Ellos nos protegen y nos invitan a que preparemos nuestra vida con amor y bondad. Siempre nos traerán sus susurros tiernos, sus caricias delicadas para reconfortar nuestra alma porque somos importantes, nos aman profundamente y cuidan nuestro corazón.

• Los Riesgos

Al oír la palabra riesgo, sentimos temor y tomamos la dirección opuesta. Casi nadie quiere asumirlos pero, sin darnos cuenta, lo hacemos a diario. Cuando no arriesgamos, no perdemos nada pero tampoco ganamos. Analicemos que aquellos que aceptan los riesgos que le tocan en suerte viven una vida más intensa. Los ángeles saben que la vida es riesgo porque cambia constantemente. Es obvio que cuando hablamos de riesgos lo hacemos pensando en cambiar de trabajo a pesar de tener un seguro, tener el coraje de decirle a alguien que lo amamos aunque no conozcamos sus sentimientos.

Cuando tenemos el valor de seguir los dictados de nuestro corazón, además de no equivocarnos, estamos asumiendo el riesgo que esto implica. Meditemos que la vida es riesgo y debemos aceptarla tal cual es. Los ángeles, mientras tanto, nos protegen y cuidan de nuestra alma.

• Los Secretos

Hay secretos que sólo conocemos porque los ángeles nos lo revelan cuando llegan a nosotros. Siempre nos dirán cual es el más conveniente en ese día. Entonces pondremos en práctica nuestro secreto para obtener los beneficios que los ángeles nos regalaron.

De la misma manera que actuamos con los ángeles, aprendamos a conservar secretos y a develarlos en el momento oportuno. Los ángeles nos participan de sus secretos y nos acompañan en la tarea de comprenderlos y aprovecharlos. Recibamos el día con alegría y felicidad porque nos revelarán un secreto importante. Sepamos escucharlo y entenderlo en nuestro interior. Prestemos atención a nuestra mente, abramos nuestro corazón. Descubriremos que los ángeles nos están hablando constantemente y nos envían su amor y protección angelical.

• Los Sentimientos

Tengamos presente que si nuestra existencia emite paz y luz angelical, ofreceremos al mundo nuestra cuota de amor y aflorarán los mejores deseos de los otros.

Nuestros sentimientos deben estar regidos por la nobleza y la caridad. Nuestros sentimientos deben estar comprometidos con los de los demás. Así podremos elevarnos y crecer como personas. Los sentimientos puros y positivos son los que deben regir el mundo para que podamos disfrutar del amor entre unos y otros.

Los ángeles nos cubren con sus alas y nos ofrecen emociones nobles y bondadosas. Ellos nos esperan para ayudarnos cada día, para brindarnos un sentimiento nuevo que nos acercará a la senda divina.

Nos llena de felicidad su llegada y nos regalan una sonrisa alentadora.

• Los Sueños Diurnos

Por lo general, los soñadores no están bien vistos porque a los ojos de los demás no producen, no generan bienes materiales y la mayoría de la gente cree que son vagos y viven de ilusiones. Si bien muchas personas no consideran importantes a los sueños, los soñadores son creadores de posibilidades.

Los ángeles nos recuerdan que todos tenemos un papel que desempeñar durante nuestra vida y para algunos esa función es la de soñador.

A los ángeles no les molesta que seamos soñadores porque aprovechan esos momentos para establecer contacto con nosotros. Allí nos dicen que los sueños diurnos son el abono para una buena cosecha de creatividad. En esos momentos dejamos volar nuestra imaginación y podemos crear cosas maravillosas para la humanidad.

• Los Sueños

Los ángeles vienen a nosotros para enriquecernos. Su luz nos envuelve durante todo el día. Sin embargo, con la llegada de las primeras estrellas nos preparamos para el descanso nocturno.

Dormir nos hace recuperar las energías perdidas durante la jornada pero también nos trae sueños que nos permiten salir de la realidad. Cuando soñamos dormidos, no elegimos los sueños. Es por eso que debemos relajarnos antes de dormir, tener buenos pensamientos y realizar un análisis de conciencia. Esto es indispensable para que los sueños que tengamos sean placenteros y podamos dormir tranquilamente.

Cerremos nuestros ojos, depositemos nuestra alma en manos de los ángeles. Ellos harán que nuestros sueños sean maravillosos y podamos tener un descanso reparador.

No olvidemos invocar a los ángeles cada noche para que nos protejan y resguarden de los malos sueños. Pidamos paz, amor y tranquilidad para que a la mañana siguiente despertemos con una sonrisa.

• Los Susurros

Los ángeles quieren que los acompañemos y que disfrutemos haciendo feliz a los demás. Quieren transmitirnos su luz y su bondad. Desean que la paz nos llegue a través de los susurros que nos envolverán, regalándonos amor y desarrollo espiritual.

Ellos han preparado un maravilloso día para nosotros, nos cuidarán y nos ofrecerán lo mejor para que seamos felices.

Activemos nuestros sentidos y recibamos sus expresiones sinceras y naturales. Escuchemos los susurros que llegan a nuestros oídos y disfrutemos plenamente del amor.

Cerremos los ojos, dejémonos llevar por los ángeles. Ellos traerán con su presencia la confianza y la seguridad que necesitamos.

Los susurros que nos envíen nos ayudarán a descubrir las palabras verdaderas, las miradas sinceras.

(XVIII)

Breve Diccionario Angelical

AFIRMACIÓN: es la operación del espíritu que se opone a la negación. También es parte de un ritual que consiste en proclamar positivamente la fe en la entidad angelical que va a invocarse y en su capacidad para satisfacer el pedido que se le encomienda.

AGRADECIMIENTO: parte necesaria del ritual angélico que consiste en agradecer al ángel los dones recibidos.

ALMA: tradicionalmente se opone el alma al cuerpo, como dos entidades separadas. La medida en que la primera está contenida en la segunda depende directamente de la posición filosófica que se adopte. Es uno de los puntos en que la filosofía, la psicología y la religión se entremezclan para llegar a un campo común coincidente. Se concibe como un principio consciente o independiente, o como un principio directivo por oposición al cuerpo.

AMOR: es el afecto por el cual busca el ánimo el bien verdadero o imaginado y apetece gozarlo.

ÁNGELES: proviene del griego y significa mensajeros. Por lo tanto, son mensajeros de Dios. Se llama con este nombre a varias huestes que se mencionan en las religiones monoteístas. Son espíritus puros creados por Dios y se agrupan en distintas jerarquías. En la actualidad este culto ha adquirido una extraordinaria importancia.

ÁNGELES CAÍDOS: huestes de espíritus que, obedeciendo a Lucifer, se rebelaron contra Dios.

ÁNGELES GUARDIANES: ángeles protectores que están encargados de conducirnos por el camino del bien.

ANGEOLOGÍA: disciplina que se encarga de los ángeles. Parte de una religión que alude al origen y la evolución de los seres angélicos.

ARCÁNGELES: ángeles de orden superior, encargados de anunciar los misterios.

INVOCACIÓN: llamado de auxilio a un ser superior.

LUZ: fenómeno natural metafóricamente identificado con la materia angélica. Se dice que los ángeles son seres de luz porque ésta es símbolo de la sabiduría, la fuerza creadora, la energía cósmica, la irradiación y la fuerza espiritual.

PERFUMES: sustancias aromáticas que se extraen de las plantas. Están relacionados con distintos dioses y diosas y con las entidades que no pertenecen al mundo físico como los ángeles. Pueden ser utilizados como ofrendas y favorecedores de determinados pedidos.

QUERUBINES: ángeles pertenecientes al segundo coro de la suprema jerarquía angélica.

SERAFINES: para la angeología hebrea, son los guardianes alados que rodean el trono de Dios y conforman el segundo coro.

TRONOS: seres angelicales que conforman uno de los nueve coros angélicos cristianos.

VIRTUDES: espíritus bienaventurados que conforman el quinto coro. Su fuerza viril los hace particularmente aptos para cumplir con los mandatos divinos.

VISUALIZACIÓN: forma de preparación para recibir a una entidad angélica, que consiste en la vivencia imaginaria de una escena o una situación deseada como una manera de facilitar su presencia.

Índice